Frank Weber

Tausenderlei über die Liebe

Für Katrin

Frank Weber

Tausenderlei

über
die

Liebe

über Treue

und Freundschaft

~1000

Zitate, Aphorismen, Bonmots
über das Thema Nummer Eins,
das Menschen aufrecht- und zusammenhält
... und manchmal auch auseinanderbringt.

6. Auflage / Januar 2014
Bibliographische Information der Deutschen
Nationalbibliothek
Die Deutsche Nationalbibliothek verzeichnet diese
Publikation in der Deutschen Nationalbibliographie,
detaillierte bibliographische Daten sind im Internet über
http://dnd.d-nb.de abrufbar

© 2014 Frank Weber

Herstellung und Verlag BoD Books on Demand GmbH

ISBN 978 3 8423 7474 4

Allerlei

    Gedachtes,

        Gesagtes

            und

                Geschriebenes

        über die Liebe,

        über

      Freundschaft,
      Treue,
      Zuneigung.

Vorwort:

Ein Zitat
(lat:*citatum*:„das Angeführte/Aufgerufene") ist
eine wörtlich übernommene Stelle oder der
Hinweis auf eine bestimmte Textstelle.

In diesem Büchlein sind circa 1.000 solcher
Fundstellen aus zwei Jahrtausenden
verzeichnet, die sich allesamt zum Thema
Liebe äußern, ergänzt durch einige wenige
über Freundschaft, Treue und Zuneigung.

Dieses Buch ist ein Lesebuch; eine Fundgrube,
ein Schatzkästchen voller alter und neuer
Einsichten, voller Überraschungen rund ums
Thema Nummer Eins, auch wenn das Eine oder
Andere vielleicht schon bekannt erscheint -
schon mal gehört, schon mal gelesen oder
vielleicht auch schon selbst erlebt.

Und wenn die Liebe mal sprachlos wird – vor
Erstaunen oder aus anderen Gründen, auch
hier mag das Büchlein hilfreich sein und
entsprechende An- und Einsichten bereithalten.

Die Liebe ist ein gar komisch Ding:
Erst lässt sie Herzen schneller schlagen,
dann macht sie Tränen fließen,
lässt noch die Esel tanzen,
schließlich raubt sie dir noch den Verstand,
verdreht dir den Kopf,
bricht dir gar das Herz.

Aber wie sagte ein gewisser Herr von Goethe
so schön:

„Wer nicht mehr liebt und nicht mehr irrt, der
lasse sich begraben.‟

Der Herausgeber

Marburg, Januar 2014

Aber dies sei eure Ehre, immer mehr zu lieben, als ihr geliebt werdet.
(Friedrich Nietzsche)

Aber es ist ein Zeichen der Zeit, dass die alte Heroennatur um Ehre betteln geht und das lebendige Menschenherz, wie eine Waise, um einen Tropfen Liebe sich kümmert.
(Friedrich Hölderlin)

Aber tief muss uns empören, was wir von der Leda lesen: Welche Gans bist du gewesen, dass ein Schwan dich konnt betören!
(Heinrich Heine)

Abhängigkeiten? Ja! Durch Liebe, nicht durch Furcht.
(Gerhart Hauptmann)

Ach! Lebt von Schmerzen die Liebe nicht und nicht von Liebe das Leben?
(Adalbert von Chamisso)

Ach, was ist Liebe! Wüssten wir doch nur, was wir lieben!
(Walther Rathenau)

Achtung erwirbt, was du tust; Liebe verschafft, was du bist.
(August Mahlmann)

Achtung nutzt sich ab wie Liebe.
(Marquis de Vauvenargues)

Adam und Eva haben's Lieben erdacht, ich und mein Schätzle haben's auch so gemacht.
(Clemens Brentano)

Ältere Freundschaften haben vor neuen hauptsächlich voraus, dass man sich schon viel verziehen hat.
(Johann Wolfgang von Goethe)

Ahme also gute Menschen nach, böse ertrage, liebe jedoch alle.
(Aurelius Augustinus)

Alle kräftigen Menschen lieben das Leben.
(Heinrich Heine)

Alle Leidenschaften verleiten uns zu Fehlern, die Liebe aber zu den Lächerlichsten.
(François de La Rochefoucauld)

Alle Liebe dieser Welt ist auf Eigenliebe gebaut. Ließest du die Eigenliebe, so ließest du leicht die ganze Welt.
(Eckhard von Hochheim)

Alle warten auf die große Liebe. Aber können wir sie aus kleinen Liebeleien zusammentragen?
(Stanislaw Jercy Lec)

Allein die Wahrheit ist nämlich siegreich: Der Sieg der Wahrheit ist die Liebe.
(Aurelius Augustinus)

Alles besiegt die Liebe, alles erreicht das Geld, alles endet mit dem Tode, alles verschlingt die Zeit.
(aus Spanien)

Alles bezwingt die Liebe, und kämpft doch ohne Mord und Blut.
(Erasmus von Rotterdam)

Alles geht vorbei, nur die Liebe währt.
(aus Äthiopien)

Alles kann man lieben, wenn man sich vorstellt, dass man es verlieren könnte.
(Ernst von Houwald)

Alles liebt und paart sich wieder.
(Willhelm Gottlieb Becker)

Alles wird aufhören; nur Glaube, Hoffnung und Liebe nicht. Diese drei bleiben, aber die Liebe ist die größte unter ihnen.
(1.Brief an die Korinther 13,13)

Alles, was wir mit Wärme und Enthusiasmus ergreifen, ist eine Art der Liebe.
(Wilhelm von Humboldt)

Alles, worauf die Liebe wartet, ist die Gelegenheit.
(Miguel de Cervantes)

Allmächt'ge Liebe! Göttliche! Wohl nennt man dich mit recht die Königin der Seelen.
(Friedrich von Schiller)

Als sie einander acht Jahre kannten (und man darf sagen, sie kannten sich gut), kam ihre Liebe plötzlich abhanden wie anderen Leuten ein Stock oder Hut.
(Erich Kästner)

Alte Lieb und alter Span brennen leichter wieder an.
(Sprichwort)

Alte Liebe rostet nicht."
(Aus Italien)

Alten Freund für neuen wandeln – Blüten heißt's für Frucht erhandeln.
(Friedrich von Logau)

Alter schützt vor Liebe nicht, aber Liebe vor dem Altern.
(Coco Chanel)

Am Abend wirst du in der Liebe geprüft. Lerne zu lieben, wie Gott geliebt sein möchte, und lass deine Eigenheit.
(Johannes vom Kreuz)

Am Anfang gehören alle Gedanken der Liebe. Später gehört dann alle Liebe den Gedanken.
(Albert Einstein)

Am Ende des Lebens wird es die Liebe sein, nach der beurteilt wird.
(Moliere)

Amor ist der größte Spitzbube unter den Göttern; der Widerspruch scheint sein Element zu sein.
(Giacomo Casanova)

Amors Pfeil hat Widerspitzen, wen er traf, der lass ihn sitzen und erduld ein wenig Schmerz!
(Gottfried August Bürger)

An der einen Seite zieht mich die Liebe, an der anderen die Logik.
(Ovid)

An der Tafel des Gastmahles gibt es mehr Freunde als an der Tür des Kerkers.
(Sprichwort)

An Rheumatismen und an wahre Liebe glaubt man erst, wenn man davon befallen wird.
(Marie von Ebner-Eschenbach)

Anfang und Ende einer Liebe kündigen sich dadurch an, dass man sich scheut, mit dem anderen allein zu sein.
(Jean de la Bruyère)

Angst klopfte an die Tür, Vertrauen öffnete und Liebe kam herein.
(aus China)

Auch in der Ferne zeigt sich alles reiner, was in der Gegenwart uns nur verwirrt! Vielleicht wirst du erkennen, welche Liebe dich überall umgab, und welchen Wert die Treue wahrer Freunde hat, und wie die weite Welt die Nächsten nicht ersetzen kann.
(Johann Wolfgang von Goethe)

Auch der Olymp ist öde ohne Liebe.
(Heinrich von Kleist)

Anteilnehmende Freundschaft macht das Glück strahlender und erleichtert das Unglück.
(Marcus Tullius Cicero)

Auch ist es vielleicht nicht eigentlich Liebe, wenn ich sage, dass du mir das Liebste bist; Liebe ist, dass du mir das Messer bist, mit dem ich in mir wühle.
(Franz Kafka)

Auch wenn die Freundschaft Feuer hat wie die Liebe, so gibt doch ihr Feuer nur Licht ohne Wärme, wohingegen das Feuer der Liebe brennt und leuchtet.
(Madeleine de Scudèry)

Auf der höchsten Stufe der Freundschaft offenbaren wir dem Freunde nicht unsere Fehler, sondern die seinen.
(Fracois de la Rochfoucauld)

Auf Erden gibt's nicht bessren Fund als treues Herz und stillen Mund.
(Sprichwort)

Auf Freund im Unglück rechne nie.
(Euripides)

Auf Schwächen und Blößen gründet sich die Liebe.
(Johann Georg Hamann, An Immanuel Kant)

Auf zwei Rädern die Welt rollt, das eine ist Liebe, das andere Gold.
(Leopold Jacoby)

Aufmerksamkeit und Liebe bedingen einander wechselseitig.
(Hugo von Hofmannsthal)

Aufopferung eigener Interessen ist ein Talent, das den Priestern der Liebe ebenso abgeht wie den sündigen Laien.
(Heinrich Heine)

Aufrichtigkeit ist eine gute Sache, aber sie ist wertlos ohne Liebe.
(Heinrich Heine)

Aufs eigene Glück kann man notfalls verzichten, wenn man die glücklich macht, die man liebt.
(Sacha Guitry)

Aus der Verwandtschaft kann man Wohlwollen entfernen, nicht aus der Freundschaft.
(Cicero)

Aus Liebe lernt man alles, aus der Liebe lernt man nichts.
(Gerhard Uhlenbruck)

Aus Mitleid wird die Lieb oft geboren. Folgt Mitleid , ist die Liebe bald verloren.
(Detlev von Lilencron)

Aus zuviel Liebe wird leicht hundertfacher Hass.
(Aus Japan)

Bedenke, dass die beste Beziehung die ist, in der jeder Partner den anderen mehr liebt als braucht.
(Dalai Lama XIV)

Begierig glaubt die Liebe, was sie wünscht.
(Jean Racine)

Beginn und Ende der Liebe künden sich an in der
Verlegenheit, mit dem anderen allein zu sein.
(Jean de la Bruyere)

Beglückt, wer Treue rein im Busen trägt; kein Opfer wird ihn
je gereuen.
(Johann Wolfgang von Goethe)

Bei den ersten Liebschaften lieben die Frauen den
Geliebten; bei den späteren lieben sie die Liebe.
(François de La Rochefoucauld)

Bei der Liebe ist es wie im Krieg: Letzten Endes entscheidet
der Nahkampf. *(Errol Flynn)*

Bei drei Dingen lernt man den Menschen kennen: In der
Liebe, beim Spiel und beim Wein.
(aus Deutschland)

Bei Männern, welche Liebe fühlen, fehlt auch ein gutes
Herze nicht.
(Emanuel Schikaneder)

Beim Abschied wird die Zuneigung zu den Sachen, die uns
lieb sind, immer ein wenig wärmer.
(Michel de Montaigne)

Beim Beginn der Liebe sprechen die Liebenden von der
Zukunft; bei ihrem Ende von der Vergangenheit."
(Aus Italien)

Beim Liebesspiel ist es wie beim Autofahren. Die Frauen mögen die Umleitung - die Männer die Abkürzung.
(Jeanne Moreau)

Bestechung und unrechtes Gut fahren gänzlich dahin, aber die Treue bleibt ewig bestehen.
(Jesus Sirach 40,12)

Besteht zwischen zwei Menschen völlige Natürlichkeit, so darf ihr Glück für gegründet gelten. Zuneigung und einige andere Gesetze des Seelenlebens machen es einfach zum größten überhaupt möglichen Glück.
(Henri Stendhal)

Beurteilt man die Liebe nach ihren Wirkungen, so hat sie mehr vom Hass als von der Freundschaft an sich.
(François de la Rochefoucauld)

Bier ist der Beweis, dass Gott uns liebt und will, dass wir glücklich sind.
(Benjamin Franklin)

Besser ein Gericht Kraut mit Liebe als ein gemästeter Ochse mit Hass.
(Sprüche 15, 17)

Bis zum Meer für einen Bruder. Durch das Meer für eine Geliebte.
(Unbekannt)

Blumen können nicht blühen ohne die Wärme der Sonne. Menschen können nicht Mensch werden ohne die Wärme der Freundschaft.
(Phil Bosmans)

Dankbarkeit und Liebe sind Geschwister.
(Christian Morgenstern)

Darin besteht die Liebe: Dass sich zwei Einsame
beschützen und berühren und miteinander reden.
(Rainer Maria Rilke)

Das also ist keine Freundschaft, dass, wenn der eine die
Wahrheit nicht hören will, der andere zum Lügen bereit ist.
(Cicero)

Das Aussehen bestimmt, ob man zusammen kommt, der
Charakter ob man zusammen bleibt.
(Sprichwort)

Das beste Mittel für Eltern, ihre Kinder lange und immer in
ihrer Gewalt zu haben, ist, in ihnen die Zuneigung und die
Aufrichtigkeit wachzurufen und wach zu halten.
(Peter Rosegger)

Das eben ist der Liebe Zaubermacht, dass sie veredelt, was
ihr Hauch berührt, der Sonne ähnlich, deren goldner Strahl
Gewitterwolken selbst in Gold verwandelt.
(Franz Grillparzer)

Das Edelste an der Liebe ist das Vertrauen zueinander.
(Lebensweisheit)

Das einzig Wichtige im Leben sind die Spuren der Liebe, die
wir hinterlassen, wenn wir ungefragt weggehen und
Abschied nehmen müssen.
(Albert Schweitzer)

Das erste Anzeichen wirklicher Liebe ist bei einem jungen Mann Schüchternheit, bei einem jungen Mädchen Kühnheit.
(Victor Hugo)

Das erste und letzte, was vom Genie gefordert wird, ist Wahrheitsliebe.
(Johann Wolfgang von Goethe)

Das Geschenk der Liebe kann man nicht geben. Es wartet darauf, angenommen zu werden.
(Rabindranath Tagore)

Das Gewissen ist die Stimme der Seele. Die Leidenschaften sind die Stimme des Körpers.
(Jean Jacques Rousseau)

Das Glück der Liebe: sich vor dem anderen ganz aussprechen dürfen. Das Geheimnis der Liebe: vieles unausgesprochen lassen.
(Sigmund Graff)

Das Glück des Mannes heißt: Ich will.
Das Glück des Weibes heißt: Er will.
(Friedrich Wilhelm Nietzsche)

Das Glück ist das einzige, das sich verdoppelt, wenn man es teilt.
(Albert Schweitzer)

Das Glück ist die Liebe, die Lieb' ist das Glück, ich hab' es gesagt und nehm's nicht zurück.
(Adelbert von Chamisso)

Das größte Übel, das wir unseren Mitmenschen antun können, ist nicht, sie zu hassen, sondern ihnen gegenüber gleichgültig zu sein. Das ist absolute Unmenschlichkeit.
(George Bernhard Shaw)

Das größte Wunder der Liebe ist, dass sie von der Koketterie heilt.
(François de la Rochefoucauld)

Das Gute ist stärker als das Böse. Liebe ist stärker als Hass. Licht ist stärker als Dunkelheit. Das Leben ist stärker als der Tod.
(Desmond Tutu)

Das gute Leben ist von Liebe beseelt und vom Wissen geleitet.
(Bertrand Russell)

Das halbe Unglück der Menschheit besteht darin, dass der eine den anderen länger liebt als umgekehrt.
(George Sand)

Das höchste Glück im Leben besteht in der Überzeugung, dass wir geliebt werden.
(Victor Hugo)

Das innerste Wesen der Liebe ist Hingabe.
(Edith Stein)

Das ist das Eigentümliche an der Liebe, dass sie unaufhörlich wachsen muss, wenn sie nicht abnehmen soll.
(Andre Gide)

Das ist das Größte, was dem Menschen gegeben ist, dass
es in seiner Macht steht, grenzenlos zu lieben.
(Theodor Storm)

Das ist das höchste Wunder der Liebe - dass sie selbst die
Frauen stumm macht.
(Oskar Blumenthal)

Das ist das Unglück der Menschen, dass sie einen solchen
Unterschied zwischen Liebe und Freundschaft machen, als
könne man je etwas anderes oder Höheres oder Schöneres
als die Seele lieben.
(Jean Paul)

Das ist der Liebe heiliger Götterstrahl, der in die Seele
schlägt und trifft und zündet. Wenn sich Verwandtes zum
Verwandten findet, da ist kein Widerstand und keine Wahl:
Es trennt der Mensch nicht, was der Himmel bindet.
(Friedrich von Schiller)

Das ist die wahre Liebe, die immer und immer sich gleich
bleibt, wenn man ihr alles gewährt, wenn man ihr alles
versagt.
(Johann Wolfgang von Goethe)

Das ist mein Gebot, dass ihr euch untereinander liebt, wie
ich euch liebe."
(Johannes 15,12)

Das ist schwer: ein Leben zu zwein.
Nur eins ist noch schwerer: einsam sein!
(Kurt Tucholsky)

Das Leben kann schöner sein, als die Menschen zugeben.
Nicht in der Vernunft, sondern in der Liebe ist Weisheit.
(Andre Gide)

Das Paradies der Erde liegt auf dem Rücken der Pferde, in
der Gesundheit des Leibes und am Herzen des Weibes.
(Friedrich von Bodenstedt)

Das Schlimme in der Liebe ist, dass Krieg und Frieden
ständig wechseln.
(Horaz)

Das Schönste, was wir erleben können, ist das
Geheimnisvolle.
(Albert Einstein)

Das Schwierigste am Leben ist es, Herz und Kopf dazu zu
bringen, zusammenzuarbeiten. In meinem Fall verkehren
sie noch nicht mal auf freundschaftlicher Basis.
(Woody Allen)

Das Spiel des Lebens sieht sich heiter an, wenn man den
sicheren Schatz im Herzen trägt.
(Friedrich von Schiller)

Das stärkste Band der Freundschaft ist ein gemeinsamer
Feind.
(F.Moore)

Das süßeste Glück für die trauernde Brust, nach der
schönen Liebe verschwundener Lust, sind der Liebe
Schmerzen und Klagen.
(Friedrich von Schiller)

Das Übel ist nicht, ein paar Feinde zu hassen, sondern unsere Nächsten nicht genug zu lieben.
(Anton Tschechow)

Das volle Herz, es sucht oft lauter Freude vollen Jubel, um in der allgemeinen Lust Gewühl recht unbemerkt, recht stille sich zu freun.
(Franz Grillparzer)

Das Weib allein kennt wahre Liebestreue.
(Friedrich von Schiller)

Das Wesen wahrer Liebe lässt sich immer wieder mit der Kindheit vergleichen. Beide haben die Unüberlegtheit, die Unvorsichtigkeit, die Ausgelassenheit, das Lachen und das Weinen gemeinsam.
(Honore de Balzac)

Das Wesentliche des Menschseins besteht darin, nicht Vollkommenheit anzustreben, sondern bereit zu sein, um Treue zu einem Menschen willen auch Sünde zu begehen, und sich darauf gefasst zu machen, am Ende mit leeren Händen dazustehen, als unvermeidbarer Preis dafür, seine Liebe auf ein anderes Menschenwesen fixiert zu haben.
(George Orwell)

Dasselbe wollen und dasselbe nicht wollen, das erst ist feste Freundschaft.
(Sallust)

Dauernde Freundschaft kann nur zwischen Menschen von gleichem Wert bestehen.
(Marie Ebner-Eschenbach)

Dem, der wahrhaft liebt, wird alles Liebe.
(Honore de Balzac)

„Dem Liebchen keinen Gruß! Ich will davon nichts hören." –
„Dem Liebchen Kuss und Gruß. Du wirst mir's nicht
verwehren."
(Johann Wolfgang von Goethe)

Dem Menschen ist ein Mensch noch immer lieber als ein
Engel.
(Gotthold Ephraim Lessing)

Dem traue nie, der einmal Treue brach.
(William Shakespeare)

Demut ist die größte christliche Disziplin, denn durch sie
wird bewahrt die Liebe, die nichts schneller verletzt als
Stolz.
(Aurelius Augustinus)

Den Augen eines Verliebten sind selbst Pockennarben
Grübchen. *(aus Japan)*

Den Nächsten lieben heißt Gott in seinem Bilde lieben.
(Nicolaus von Cues)

Den sicheren Freund erkennt man in unsicherer Lage.
(Ennius)

Denn das Glück, geliebt zu werden, ist das höchste Glück
auf Erden.
(Johann Gottfried von Herder)

Den Sinn erhält das Leben einzig durch die Liebe. Das heißt: Je mehr wir zu lieben und uns hinzugeben fähig sind, desto sinnvoller wird unser Leben.
(Hermann Hesse)

Denn die Summe unseres Lebens sind die Stunden, in denen wir liebten.
(Wilhelm Busch)

Denn Lieb' ist Wunder, Lieb' ist Gnade, die wie der Tau vom Himmel fällt.
(Emanuel Geibel)

Denn Liebe ist stark wie der Tod und Leidenschaft unwiderstehlich wie das Totenreich.
(Guy de Moupassant)

Denn Liebe muss mit Treue recht fest verbunden sein.
(Carl Maria von Weber)

Denn Liebe, sagt man, ist nur Hoffen und wird, gewährt, vom Tod betroffen.
(Carl Leberecht Immermann)

Denn nur von innen kommt der Segen, und nur die Liebe bringet Rast.
(Emanuel Geibel)

Denn so ist die Liebe beschaffen, dass sie allein Rechte zu haben glaubt und alle anderen Rechte verschwinden.
(Johann Wolfgang von Goethe)

Denn wie die Rose blüht im Dorn, so blüht und glüht die Lieb' im Zorn.
(E.N. Arndt)

Der Ausdruck „gute Freunde" sagt alles: dass es auch schlechte gibt.
(Gerd Uhlenbruck)

Der beste Beweis der Liebe ist Vertrauen.
(Joyce Brothers)

Der beste Lehrmeister zu Weisheit und Tugend ist die Liebe.
(Euripides)

Der beste Weg, einen Freund zu haben, ist der, selbst einer zu sein.
(Ralph Waldo Emerson)

Der Charakter einer Frau zeigt sich nicht, wo die Liebe beginnt, sondern wo sie endet.
(Rosa Luxemburg)

Der erste Seufzer der Liebe ist der letzte der Zurechnungsfähigkeit.
(Antoine Bret)

Der Freund braucht kein guter Gesellschafter zu sein. Man erkennt ihn daran, dass es auch schön ist, mit ihm zu schweigen.
(Sigmund Graff)

Der, der dich liebt, sorgt sich um dich.
(aus Uganda)

Der Freund ist einer, der alles von dir weiß, und der dich
trotzdem liebt.
(Elbert Hubbard)

Der Freunde Eifer ist's, der mich zugrunde richtet, nicht der
Hass der Feinde.
(Friedrich von Schiller)

Der Freundschaft stolzes Siegel tragen viele, die in der
Prüfungsstunde treulos fliehn.
(Friedrich Schiller)

Der Geist baut das Luftschiff, die Liebe aber macht gen
Himmel fahren.
(Christian Morgenstern)

Der Geist, der allen Dingen Leben verleiht, ist die Liebe.
(aus China)

Der Geist wird reich durch das, was er empfängt, das Herz
durch das, was es gibt.
(Victor Hugo)

Der geliebte Mensch scheint dort zu stehen, wo sonst etwas
fehlt.
(Robert Musil)

Der Gütige lässt die Art, wie er einen geliebten Menschen
behandelt, auch den Ungeliebten zuteil werden.
(Mengzi)

Der Hass folgt der Trägheit des Herzens; er ist billig und bequem. Die Liebe ist immer ein Wagnis. Aber nur im Wagen wird gewonnen.
(Theodor Heuss)

Der Hass ist parteiisch, aber die Liebe ist es noch mehr.
(Johann Wolfgang von Goethe)

Der hat immer etwas zu geben, dessen Herz voll ist von Liebe.
(Aurelius Augustinus)

Der ist in tiefster Seele treu, wer die Heimat liebt wie du.
(Theodor Fontane)

Der liebt nicht, der die Fehler des Geliebten nicht für Tugenden hält.
(Johann Wolfgang von Goethe)

Der Liebe leichte Schwingen trugen mich. Kein steinern Bollwerk soll der Liebe wehren; und Liebe wagt, was Liebe irgend kann.
(William Shakespeare)

Der Liebe und dem Feuer muss man beizeiten wehren.
(Sprichwort)

Der Liebe Wunde kann nur heilen, wer sie schlug.
(Sprichwort)

Der Mensch hat nichts so eigen, so wohl steht ihm nichts an, als das er Treu erzeigen und Freundschaft halten kann.
(Simon Dach)

Der Mensch ist ein feinfühliges Wesen. Er hat nur zwei Beine, aber ein Herz, worin sich ein Heer von Gedanken und Empfindungen wohlgefällt. Man könnte den Menschen mit einem wohlangelegten Lustgarten vergleichen.
(Robert Walser)

Der Mensch ist nicht nach dem zu beurteilen, was er weiß, sondern nach dem, was er liebt."
(Aurelius Augustinus)

Der Mensch will brutto geliebt werden, nicht netto.
(Friedrich Hebbel)

Der moderne Mensch "läuft" zu leicht "heiß". Ihm fehlt zu sehr das Öl der Liebe.
(Christian Morgenstern)

Der Quell, aus dem die Liebe schöpft, hat Begrenzungen.
(Honoré de Balzac)

Der sichere Freund wird im Unglück erkannt.
(Cicero)

Der Sinnenrausch ist zur Liebe, was der Schlaf zum Leben.
(Novalis)

Der Weg zur Geliebten ist ohne Dornen.
(aus Kamerun)

Der Zank in der Ehe ist die Schneedecke, unter der sich die Liebe warmhält.
(Jean Paul)

Die am meisten lieben, sprechen am wenigsten.
(Aus Schottland)

Die Augen sind der Liebe Tür. *(Sprichwort.)*

Die älteste Freundschaft muss uns, wie die Weine die Jahre zählen, die lieblichste sein.
(Cicero)

Die Behauptung, ein Mann könne nicht immer die gleiche Frau lieben, ist so unsinnig wie die Behauptung, ein Geiger brauche für dasselbe Musikstück mehrere Violinen.
(Honoré de Balzac)

Die beste Arznei für den Menschen ist der Mensch. Der höchste Grad dieser Arznei ist die Liebe.
(Paracelsus)

Die Bewunderung preist, die Liebe ist stumm.
(Franz Grillparzer)

Die da viel lieben, die schweigen selig. Die nicht lieben, sind stets Aufpasser der Liebe.
(Mechthild von Magdeburg)

Die das Laster liebenswürdig machen, schätze ich doch höher als die, welche die Tugend erniedrigen.
(Joseph Joubert)

Die Empfindung sagt uns, daß etwas ist;
das Denken sagt uns, was dieses Etwas ist;
das Fühlen sagt uns, was es uns wert ist.
(Carl Gustav Jung)

Die Engel nennen es Himmelsfreud; die Teufel nennen es Höllenleid; die Menschen nennen es Liebe.
(Heinrich Heine)

Die Entfernung ist für die Liebe wie der Wind für das Feuer. Das Starke facht er an, das Schwache bläst er aus.
(Laotse)

Die Erkenntnis bläht auf; die Liebe aber baut auf.
(1.Brief an die Korinther 8,1)

Die erste Liebe ist die seligste – die letzte die süßeste.
(Lebensweisheit)

Die erste Wirkung der Liebe besteht darin, uns eine große Ehrfurcht einzuflößen.
(Blaise Pascal)

Die Frau ist ein Mensch, bevor man sie liebt, manchmal auch nachher; sobald man sie liebt, ist sie ein Wunder.
(Max Frisch)

Die Freude der Liebe ist zu lieben, und man ist beglückter durch die Leidenschaft, die man besitzt, als durch diejenige, die man erweckt.
(François de la Rochefoucauld)

Die Freunde nennen sich aufrichtig, die Feinde sind es.
(Arthur Schopenhauer)

Die Freundschaft, die der Wein gemacht, wirkt wie der Wein nur eine Nacht.
(Friedrich von Logau)

Die Freundschaft ist das edelste Gefühl, dessen das Menschenherz fähig ist.
(Carl Hilty)

Die Freundschaft ist ein Kapital, von dem die Zinsen niemals verloren gehen.
(Johann Georg Hamann)

Die Freundschaft ist eine Kunst der Distanz, so wie die Liebe eine Kunst der Nähe ist.
(Sigmund Graff)

Die fürchtende Liebe sieht weit.
(Gotthold Ephraim Lessing)

Die ganze Kunst der Liebe beruht darauf, dass man ausspricht, was der Zauber des Augenblicks fordert.
(Henri Stendhal)

Die glücklichsten Liebschaften basieren auf gegenseitigem Missverständnis.
(François de La Roche Foucauld)

Die Gott lieben sind wie die Sonne, wenn sie aufgeht in ihrer Pracht. *(Richter 5,31)*

Die größte Ehre, die man einem Menschen antun kann, ist die, dass man zu ihm Vertrauen hat.
(Matthias Claudius)

Die größte Kunst im Lieben ist, daß man schweigen kann.
(Hoffmann von Fallersleben)

Die Hand der Liebenden reicht über die Berge.
(aus Arabien)

Die Hauptbestandteile eines guten Charakters sind Treue und Mitleid.
(Carl Hilty)

Die Höflichkeit ist die Schwester der Liebe.
(Franz von Assisi)

Die Kraft verleiht Gewalt, die Liebe verleiht Macht.
(Marie von Ebner-Eschenbach)

Die Liebe allein bestimmt den Wert unseres Tuns.
(Franz von Sales)

Die Liebe allein versteht das Geheimnis, andere zu beschenken und dabei selbst reich zu werden.
(Clemens von Brentano)

Die Liebe beginnt erst dort, wo kein Geschenk mehr zu erwarten ist.
(Antoine de Exupèry)

Die Liebe besteht zu drei Viertel aus Neugier.
(Giacomo Casanova)

Die Liebe bricht herein wie Wetterblitzen,
die Freundschaft kommt wie dämmernd Mondenlicht.
Die Liebe will erwerben und besitzen,
die Freundschaft opfert, doch sie fordert nicht.
(Emanuel Geibel)

Die Liebe bringt auf Ideen und in Gefahren.
(Heinrich Mann)

Die Liebe, das ist die Köchin, die am meisten anrichtet in der Welt.
(Johann Nepomuk Nestroy)

Die Liebe, die das Feuer weiß zu wecken, entgeht der kalten Eifersucht doch nimmer.
(Francesco Petrarca)

Die Liebe, die die Sonne rollt und andere Sterne.
(Dante Alighieri)

Die Liebe fordert alles und ganz mit Recht, so ist es mir mit Dir, Dir mit mir.
(Ludwig van Beethoven)

Die Liebe geht zu Gott ungesagt hinein, Verstand und hoher Witz muss lang im Vorhof sein.
(Angelus Silesius)

Die Liebe gibt dir ein, lieb' alles groß und klein. Der höchsten Liebe wert wirst du dadurch allein.
(Friedrich Rückert)

Die Liebe hat tausend Augen und ist blind.
(aus China)

Die Liebe hat zwei Töchter: die Güte und die Geduld.
(aus Italien)

Die Liebe gibt ihren Namen für zahllose Verhältnisse her, an denen sie keinen größeren Anteil hat als der Doge an den Vorhängen in Venedig.
(Francois de La Rochefoucauld)

Die Liebe hat eine göttliche Kraft, wenn sie wahrhaft ist und das Kreuz nicht scheut.
(Johann Heinrich Pestalozzi)

Die Liebe hat ihre eigene Sprache; die Ehe kehrt zur Landessprache zurück. *(aus Russland)*

Die Liebe hat nicht nur Rechte, sie hat auch immer recht.
(Marie von Ebner-Eschenbach)

Die Liebe hat nun einmal dieses Übel, dass Krieg und Frieden immer wechseln.
(Horaz)

Die Liebe hemmet nichts, sie kennt nicht Tür noch Riege und dringt durch alles sich. Sie ist ohn' Anbeginn und schlägt ewig ihre Flügel,und schlägt sie ewiglich.
(Matthias Claudius)

Die Liebe ist das Flügelpaar, das Gott der Seele gegeben hat, um zu ihm aufzusteigen.
(Michelangelo)

Die Liebe ist das Gewürz des Lebens. Sie kann es versüßen, aber auch versalzen."
(Konfuzius)

Die Liebe ist der einzige Weg, auf dem selbst die Dummen zu einer gewissen Größe gelangen.
(Honore de Balzac)

Die Liebe ist der Endzweck der Weltgeschichte, das Amen des Universums.
(Novalis)

Die Liebe ist des Argwohns Schmied.
(Silvio Pellico)

Die Liebe ist der Liebe Preis.
(Friedrich von Schiller)

Die Liebe ist die Köchin des Lebens; sie macht es erst schmackhaft, aber sie versalzt es auch oft.
(Lebensweisheit)

Die Liebe ist die Schöpferin und Meisterin aller Dinge und Gottes älteste Gesellin.
(Ernst Moritz Arndt)

Die Liebe ist ein Fest - es muss nicht nur vorbereitet, sondern auch gefeiert werden.
(Platon)

Die Liebe ist ein Feuer, das im Laufe der Jahre mehr Rauch entwickelt als Hitze.
(Maurice Chevalier)

Die Liebe ist ein Göttertrank, aber kein Tischwein.
(Lebensweisheit)

Die Liebe ist ein Stoff, den die Natur gemacht und die Phantasie bestickt hat..
(Voltaire)

Die Liebe ist ein Wunder, das immer wieder möglich, das Böse eine Tatsache, die immer vorhanden ist.
(Friedrich Dürrenmatt)

Die Liebe ist eine Dummheit, die zu zweit begangen wird.
(Napoleon I.)

Die Liebe ist eine ewige Unbefriedigtheit.
(Jose Ortega y Gasset)

Die Liebe ist eine kleine Droge, die hilft, durch dieses Leben zu reisen.
(Marcello Mastroianni)

Die Liebe ist eine Krise, die Abneigung hinterlässt.
(Cesare Pavese)

Die Liebe ist eine leichte Gemütskrankheit, die durch die Ehe oft schnell geheilt werden kann.
(Sascha Guitry)

Die Liebe ist eine Leidenschaft, die sich nichts anderem beugt, der sich hingegen alles andere unterwirft.
(Madeleine de Scudéry)

Die Liebe ist einäugig; Hass blind.
(aus Dänemark)

Die Liebe ist Leidenschaft, und nur die Leidenschaft ist das Wahrzeichen der Existenz.
(Ludwig A. Feuerbach)

Die Liebe ist so unproblematisch wie ein Fahrzeug. Problematisch sind nur die Lenker, die Fahrgäste und die Straße.
(Franz Kafka)

Die Liebe ist Ungerechtigkeit, aber die Gerechtigkeit genügt nicht.
(Albert Camus)

Die Liebe ist unter den Tugenden, was die Sonne unter den Sternen: Sie gibt ihnen Glanz und Schönheit.
(Franz von Sales)

Die Liebe kann, wie das Feuer, nicht ohne ständiges Anfachen bestehen, und sie stirbt, sobald sie zu hoffen oder zu fürchten aufhört.
(François de La Rochefoucauld)

Die Liebe klammert sich an alle Würzelchen, welche helfen können.
(Gottfried Keller)

Die Liebe lebt von liebenswürdigen Kleinigkeiten, und wer sich eines Frauenherzens dauernd versichern will, der muss immer neu darum werben, der muss die Reihe der Aufmerksamkeiten allstündlich wie einen Rosenkranz abbeten. Und ist er fertig damit, so muss er von neuem anfangen.
(Theodor Fontane)

Die Liebe kriecht, wo sie nicht gehen kann.
(Sprichwort)

Die Liebe lässt uns an Dinge glauben, denen wir sonst mit höchstem Misstrauen begegnen würden.
(Pierre Calet de Chamblain de Marivaux)

Die Liebe macht blind für den geliebten Gegenstand.
(Plutarch)

Die Liebe macht zum Goldpalast die Hütte, Streut auf die Wildnis Tanz und Spiel; Enthüllet uns der Gottheit leise Tritte, Gibt uns des Himmels Vorgefühl.
(Ludwig Heinrich Christoph Hölty)

Die Liebe selbst ist niemals ein Missverständnis, nur stößt oder verwundet sie sich leicht an den Missverständnissen des Lebens und der Wirklichkeit.
(Ludwig Tieck)

Die Liebe, sie ist des Lebens Tiefstes und Wahrstes. Jegliches Rätsel der Welt löst sich einzig in ihr.
(Albert Möser)

Die Liebe trägt die Seele, wie die Füße den Leib tragen.
(Katharina von Siena)

Die Liebe überwindet alles, und wir beugen uns ihrer Macht.
(Vergil)

Die Liebe überwindet den Tod, aber es kommt vor, dass eine kleine üble Gewohnheit die Liebe überwindet.
(Marie von Ebner-Eschenbach)

Die Liebe von Zigeunern stammt, fragt nicht nach Recht,
Gesetz und Macht; liebst du mich nicht, bin ich entflammt,
und lieb ich dich, nimm dich in acht.
(Bizet)

Die Liebe weist den Menschen ihres Lebens Ziel, und die
Vernunft gibt ihm die Mittel in die Hand, es zu erreichen.
(aus China)

Die Liebe, wenn sie neu, braust wie ein junger Wein. Je
mehr sie alt und klar, je stiller wird sie sein.
(Angelus Silesius)

Die liebenswürdigste der Frauen wird immer auch die
schönste sein.
(August von Kotzebue)

Die Liebhaber sind so pünktlich wie die Sonne.
(Johannn Wolfgang von Goethe)

Die Lüge tötet die Liebe. Aber die Aufrichtigkeit tötet sie erst
recht.
(Ernest Hemingway)

Die Männer, die mit ihren Frauen am besten auskommen,
sind dieselben, die wissen, wie man ohne sie auskommt.
(Charles Baudelaire)

Die meisten Freundschaften brechen sich auf dem Duzfuß
das Bein. Das kommt daher, weil die Freundschaft im
Gegensatz zur Liebe eine Kunst der Distanz ist.
(Sigmund Graff)

Die meisten Freunde verleiden einem die Freundschaft, die meisten Frommen die Frömmigkeit.
(François de la Rochefoucault)

Die meisten Freundschaften zerbrechen nicht, sondern verwelken.
(Ernst Zacharias)

Die meisten Menschen brauchen mehr Liebe, als sie verdienen.
(Marie. von Ebner-Eschenbach)

Die meisten Menschen sehen das Problem der Liebe in erster Linie als das Problem, selbst geliebt zu werden, statt zu lieben und lieben zu können.
(Erich Fromm)

Die meisten Menschen wollen lieber Zuneigung geschenkt bekommen, als sie schenken.
(Aristoteles)

Die meisten Männer, die Kluges über die Frauen gesagt haben, waren schlechte Liebhaber. Die großen Praktiker reden nicht.
(Jeanne Moreau)

Die Menschen kommen durch nichts den Göttern näher, als wenn sie Menschen glücklich machen.
(Marcus Tullius Cicero)

Die moderne Liebe ist schwache Melodie, überinstrumentiert.
(Hugo von Hofmannsthal)

Die Nächstenliebe beginnt bei sich selbst.
(Johann Nepomuk Nestroy)

Die Schönheit ist das vollkommene Einverständnis
zwischen Mann und Frau, das sich in einem Augenblick
ereignet; in einer einzigen Sekunde kann dieses Gefühl
entstehen, das alle Gefühle überragt. Und dieses geistige
Gefühl ist es, das wir Liebe nennen.
(Kahlil Gibran)

Die schönste Freude erlebt man immer da, wo man sie am
wenigsten erwartet hat.
(Antoine de Saint-Exupéry)

Die Sehnsucht lässt alle Dinge blühen,
der Besitz zieht alle Dinge in den Staub.
(Marcel Proust)

Die sogenannte griechische Liebe, die platonische, ist im
Grunde die höchstmögliche Zuneigung überhaupt.
(O. Wilde)

Die Summe unseres Lebens sind die Stunden, in denen wir
liebten.
(Wilhelm Busch)

Die Treue des Herrschers erzeugt und erhält die Treue
seiner Diener.
(Otto von Bismarck)

Die Treue eines Tieres würde uns nicht rühren, wenn die
Treue unter den Menschen häufiger wäre.
(Siegmund Graf)

Die Treue ist die Schwester der Liebe.
(Sprichwort)

Die Treue, sie ist doch kein leerer Wahn.
(Friedrich von Schiller)

Die uns gespendete Liebe, die wir nicht als Segen und Glück empfinden, empfinden wir als eine Last.
(Marie von Ebner-Eschenbach)

Die Vernunft kann nur reden. Es ist die Liebe, die singt.
(Joseph de Maistre)

Die wahre Liebe kennt keine Teilung.
(Wilhelmine von Bayreuth)

Die wahre Liebe würdigt ihren Gegenstand. Aber das ist die wahre Liebe nicht, die nur das Würdige liebt.
(Ludwirg Börne)

Die, welche sie liebt, härtet die Gottheit ab, prüft und übt sie.
(Lucius Annaeus Seneca)

Die wichtigste Stunde ist immer die Gegenwart. Der bedeutendste Mensch ist immer der, der dir gerade gegenübersteht. Das notwendigste Werk ist stets die Liebe.
(Meister Eckhart)

Die wirkliche Liebe beginnt, wo keine Gegengabe mehr erwartet wird.
(Antoine de Saint-Exupéry)

Die Zeit, die du für deine Rose verloren hast, sie macht deine Rose wichtig. Aber du darfst sie nicht vergessen. Du bist zeitlebens für das verantwortlich, was du dir vertraut gemacht hast. Du bist für deine Rose verantwortlich.
(Antoine de Saint-Exupéry)

Die Zeit vergeht - die Liebe bleibt."
(Lateinisches Sprichwort)

Die Zeiten, Brüder, sind nicht mehr, wo Treu und Glauben galten.
(Lied der Freimaurer)

Die Zuneigung erklärt sich häufig nur aus niederer Gesinnung und hochmütiger Eitelkeit.
(Voltaire)

Diejenigen, die da glauben und gute Werke tun – ihnen wird der Gnadenreiche Liebe bereiten.
(Sure 19,96)

Dies über alles: Sei dir selber treu, und daraus folgt, so wie die Nacht dem Tage, du kannst nicht falsch sein gegen irgendwen.
(William Shakespeare)

Doch bin ich, wie ich bin, und nimm mich nur hin!
Willst du Bessre besitzen, so lass dir sie schnitzen!
(Johann Wolfgang von Goethe)

Du bist die Ruh', der Friede mild, die Sehnsucht du und was sie stillt.
(Friedrich Rückert)

Du hast verstanden? Du hast verziehen? Du hast vergessen? Welch ein Missverständnis! Du hast aufgehört zu lieben.
(Arthur Schnitzler)

Du kannst für die Welt nur eine Person sein, aber für eine Person die ganze Welt bedeuten.
(Gabriel Garcia Márquez)

Du liebst mich nicht, du liebst mich nicht, das kümmert mich gar wenig. Wenn ich dir schau ins Angesicht, so bin ich froh wie'n König.
(Heinrich Heine)

Du sollst den Herrn, deinen Gott, lieben aus deinem ganzen Herzen und mit deiner ganzen Seele und mit deiner ganzen Kraft und mit deinem ganzen Denken und deinen Nächsten wie dich selbst.
(Lukasevangelium 10,27)

Du sollst nicht geliebt sein wollen, wo du nicht liebst.
(Friedrich Schleiermacher)

Du und ich: Wir sind eins. Ich kann dir nicht wehtun, ohne mich zu verletzen.
(Mahatma Gandhi)

Durch die Ferne wächst die Liebe.
(aus Großbritannien)

Durch ein paar Züge aus dem Becher der Liebe hält uns die Natur für ein Leben voll Mühe schadlos.
(Johann Wolfgang von Goethe)

Durch einen glücklichen Zufall kann ein Mann die Welt eine Zeit lang, aber dank der Liebe kann er sie für immer beherrschen.
(Lao Tse)

Durch Liebe werden alle Dinge leichter, die der Verstand als gar zu schwer gedacht.
(aus Persien)

Eben darin besteht ja die Liebe, dass sie uns in der Schwebe des Lebendigen hält, in der Bereitschaft, einem Menschen zu folgen in allen seinen Entfaltungen.
(Max Frisch)

Eben weil Treue die schönste Eigenschaft eines liebenden Herzens, ein echtes Wunder, ist, kann sie nie zur Pflicht gemacht werden, und eben weil sie nicht Pflicht ist, ist sie da, wo sie in ihrer Herrlichkeit erscheint, so verehrungswürdig.
(Ernst von Feuchtersleben)

Echte Freunde zeigen sich, wenn du in einen Skandal verwickelt bist.
(Elizabeth Taylor)

Echte Liebe schenkt tausendmal mehr Wonnen als die flüchtigen Leidenschaften, die wir erregen.
(Honore de Balzac)

Edle Liebe reinigt, wie die Tragödie, die Leidenschaften des Menschen.
(Jean Paul)

Ehe man anfängt, seine Feinde zu lieben, sollte man seine Freunde besser behandeln.
(Mark Twain)

Eigene Hand ist immer noch die treueste.
(Aus Dänemark)

Ein bisschen Freundschaft ist mir mehr wert als die Bewunderung der ganzen Welt.
(Otto von Bismarck)

Ein bisschen Liebe kann wie ein Tropfen Wasser sein, der einer Blume die Kraft gibt, sich wieder aufzurichten.
(Phil Bosmans)

Ein bisschen Liebe von Mensch zu Mensch ist besser als alle Liebe zur Menschheit.
(Richard Dehmel)

Ein Frauenherz und eine Festung sind sich darin ähnlich, dass man beide erst kennenlernt, nachdem man sie erobert hat.
(Ludwig Kalisch)

Ein Freund ist ein Mensch, der dir völlig selbstlos schadet.
(Wieslaw Brudzinski)

Was ist ein Freund? Eine einzige Seele, die in zwei Körpern wohnt.
(Aristoteles)

Ein freundliches Wort kostet nichts, und dennoch ist es das Schönste aller Geschenke.
(Daphné du Maurier)

Ein Geschenk aus den Händen der Liebe - da darf es der Bettler mit dem Fürsten aufnehmen.
(August von Kotzebue)

Ein gewesener Freund, schlimmer als ein Feind.
(aus Russland)

Ein guter Kaffee muss schwarz wie die Nacht, heiß wie die Liebe und so süß oder bitter wie das Leben sein.
(aus Arabien)

Ein gütiger Mensch ist der Liebe wert, und ein Armer ist besser als ein Lügner. *(Sprüche 19,22)*
Ein Irrtum, welcher weit verbreitet und manchen Jüngling irreleitet, ist der, dass Liebe eine Sache, die immer viel Vergnügen mache.
(Wilhelm Busch)

Ein jeder soll den Weg des anderen achten, wo zwei sich redlich zu vollenden trachten.
(Christian Morgenstern)

Ein jedes Werk, das nicht auf Liebe gegründet ist, trägt den Keim des Todes in sich und geht seinem Ruin entgegen.
(Johann Heinrich Pestalozzi)

Ein Lächeln ist oft das Wesentliche. Man wird mit einem Lächeln belohnt oder belebt.
(Antoine de Saint-Exupéry)

Ein Leben, dem das Liebste fehlt, zerfliegt wie flücht'ger Atemzug.
(Joseph Victor von Scheffel)

Ein Leben ohne Freunde ist kein Leben, wie behaglich und gesichert es auch sein mag. Wenn ich Freunde sage, meine ich Freunde. Nicht irgendwer, nicht jeder kann dein Freund sein. Es muss jemand sein, der dir so nah ist wie deine Haut, jemand, der deinem Leben Farbe, Dramatik, Bedeutung verleiht. Irgend etwas jenseits der Liebe, das dennoch Liebe mit einschließt.
(Henry Miller)

Ein leicht erwärmter Freund wird leicht erkältet sein.
(Friedrich Rückert)

Ein Liebesnetz hab ich um dich gesponnen. Zerreiß es, wenn du kannst!
(Friedrich von Schiller)

Ein Mann, der liebt, vergisst sich selbst. Eine Frau, die liebt, vergisst die andern Frauen.
(Daphné du Maurier)

Ein Mann, der nie geliebt hat, ist in meinen Augen noch kein Mann, denn nur an der Liebe erkennt man die Größe des Mannes.
(Anton Hansen Tammsaare)

Ein neues Gebot gebe ich euch; dass ihr einander lieben sollt, wie ich euch geliebt habe.
(Johannesevangelium 13,34)

Ein Schmeichler ist ein Freund, der dir unterlegen ist oder vorgibt, es zu sein.
(Aristoteles)

Ein Schauspiel für Götter, zwei Liebende zu sehn.
(Johann Wolfgang von Goethe)

Ein Sohn oder eine Frau geben dem Namen Bestand, aber mehr als beide ist eine Frau,, die man liebt.
(Sirach 40,19)

Ein treuer Freund ist ein starker Hort; wer ihn findet, findet einen Schatz.
(Jesus Sirach 6,14)

Ein Tropfen Liebe ist mehr als ein Ozean an Wille und Verstand. *(Blaise Pascal)*

Ein Töpflein Liebe ist mehr wert als ein ganzer Sack voll Gold.
(Friedrich von Bodelschwingh)

Ein treuer Freund ist mit keinem Geld noch Gut zu bezahlen-
(Jesus Sirach)

Ein unbekannter Freund ist auch ein Freund.
(Gotthold Ephraim Lessing)

Ein Verliebter betrachtet eine Blume mit anderen Augen als ein Kamel.
(Aus Ägypten)

Ein vornehmer Mann verliebt sich wie ein Narr, aber nicht wie ein Dummkopf.
(François de La Rochefoucauld)

Ein wahrer Freund ist der, der deine Hand nimmt und dein Herz berührt.
(Gabriel Garcia-Márquez)

Eine Blume braucht Sonne, um Blume zu werden. Ein Mensch braucht Liebe um Mensch zu werden.
(Phil Bosmans)

Eine Frau, so schwach sie ist, ist durch das Gefühl, das sie einflößt, stärker als der stärkste Mann.
(Giacomo Casanova)

Eine große Liebe lässt sich durch die Realität, das wahre Ich des Geliebten nicht stören.
(Hannah Arendt)

Eine liebende Frau ist eine Sklavin, die ihrem Herrn die Ketten anlegt.
(George Bernhard Shaw)

Eine liebende Seele ist unbesiegbar.
(William Butler Yeats)

Eine Liebesbeziehung kann man zerreden. Zerschweigen kann man sie nicht.
(Robert Musil)

Eine Liebeserklärung ist wie die Eröffnung beim Schach:
Die Konsequenzen sind unabsehbar.
(Hans Söhnker)

Eine Mutter ist der einzige Mensch auf der Welt, der dich
schon liebt, bevor er dich kennt.
(Johann Heinrich Pestalozzi)

Einem Kameraden hilft man. Einem Kollegen misstraut man.
Mit einem Freunde ist man albern.
(Peter Bamm)

Einen fröhlichen Geber hat Gott lieb.
(2. Korinther 9,7)

Einen sicheren Freund erkennt man in unsicherer Sache.
(Marcus Tullius Cicero)

Einen Menschen lieben heißt, ihn so zu nehmen wie Gott
ihn gemeint hat.
(Fjodor Dostojewskij)

Einen Menschen zu lieben heißt, einzuwilligen, mit ihm
altzuwerden.
(Albert Camus)

Einen Menschen zu nehmen wie er ist, ist noch gar nichts,
das muss man immer. Die wirkliche Liebe besteht darin, ihn
auch zu wollen, wie er ist.
(Alain)

Erziehung besteht aus zwei Dingen: Beispiel und Liebe.
(Friedrich Fröbel)

Einstweilen bis den Bau der Welt Philosophie
zusammenhält, erhält sie, die Natur, das Getriebe durch
Hunger und durch Liebe.
(Friedrich von Schiller)

Er steht links, weil er die Massen liebt. Und ich, weil ich sie
nicht liebe. Ich – ich liebe die Menschheit.
(Antoine de Excupèry)

Ergebenheit ist in einem gewissen Grade mit Zuneigung
verwandt, obschon sie, hauptsächlich aus Ehrfurcht
bestehend, häufig mit Furcht verbunden ist.
(Charles Darwin)

Erst seit ich liebe, ist das Leben schön; erst seit ich liebe,
weiß ich, dass ich lebe.
(Theodor Körner)

Es bleibt zwischen Menschen, sie seien noch so eng
verbunden, immer ein Abgrund offen, den nur die Liebe, und
auch nur mit einem Notsteg, überbrücken kann.
(Hermann Hesse)

Es eifere jeder seiner unbestochenen, von Vorurteilen freien
Liebe nach.
(Gotthold Ephraim Lessing)

Es gehen viele Freunde in ein kleines Haus.
(Sprichwort)

Es gehört oft mehr Mut dazu, seine Meinung zu ändern, als
ihr treu zu bleiben.
(Friedrich Hebbel)

Es geht uns mit Büchern wie mit den Menschen. Wir machen zwar viele Bekanntschaften, aber nur wenige erwählen wir zu unseren Freunden.
(Ludwig Feuerbach)

Es gibt doch nichts anderes, wofür es sich zu leben lohnt, als die Liebe.
(Wim Wenders)

Es gibt drei treue Freunde - eine alte Ehefrau, ein alter Hund und flüssiges Geld.
(Benjamin Franklin)

Es gibt eine schöne Form des Egoismus: die Liebe.
(Marie von Ebner-Eschenbach)

Es gibt ein Alter indem eine Frau schön sein muss, um geliebt zu werden. Und dann kommt ein Alter, indem sie geliebt werden muss, um schön zu sein.
(Françoise Sagan)

Es gibt Menschen, deren einmalige Berührung mit uns für immer den Stachel in uns zurücklässt, ihrer Achtung und Freundschaft wert zu bleiben.
(Christian Morgenstern)

Es gibt nichts Schöneres, als geliebt zu werden, geliebt um seiner selbst willen oder vielmehr trotz seiner selbst.
(Victor Hugo)

Es gibt wenig aufrichtige Freunde. Die Nachfrage ist auch gering.
(Marie von Ebner Eschenbach)

Es gibt nur ein Original der Liebe, aber tausend
verschiedene Kopien. (François de la Roche Foucauld)
Es gibt verschiedene Arten von Liebe, aber sie haben alle
ein Ziel: den Besitz.
(Pablo Picasso)

Es gibt wenige Frauen, welche fähig sind, den Mann um des
Genius willen zu lieben. Es ist die Person und der Erfolg,
was sie begehren.
(Anselm Feuerbach)

Es ist bemerkenswert, dass wir gerade von dem Menschen,
den wir lieben, am mindesten aussagen können, wie er sei.
(Max Frisch)

Es ist besser, für das, was man ist, gehasst, als für das, was
man nicht ist, geliebt zu werden.
(André Gide)

Es ist besser, sich mit zuverlässigen Feinden zu umgeben,
als mit unzuverlässigen Freunden.
(John Steinbeck)

Es ist dir gesagt, Mensch, was gut ist, nämlich Gottes Wort
halten und Liebe üben und demütig sein vor deinem Gott.
(Micha 6,8)

Es ist doch keine Lust und Seligkeit, die übertreffen kann
der Liebe Süßigkeit.
(Angelus Silesius)

Es ist ein großer Unterschied, ob ich etwas weiß, oder ob ich es liebe; ob ich es verstehe, oder ob ich nach ihm strebe.
(Francesco Petrarca)

Es ist eine nichtswürdige Liebe, die kein Bedenken trägt, ihren Gegenstand der Verachtung auszusetzen.
(Gotthold Ephraim Lessing)

Es ist erlaubt, das Leben zu lieben, wenn man es um seiner selbst willen liebt und nicht aus Angst vor dem Tod.
(Marquis de Vauvenargues)

Es ist immer etwas Wahnsinn in der Liebe. Es ist aber immer auch etwas Vernunft im Wahnsinn.
(Friedrich Nietzsche)

Es ist kein Weg zu weit, wenn die Liebe treibt.
(Sprichwort)

Es ist leicht den Hass, schwer die Liebe, am schwersten Gleichgültigkeit zu verbergen.
(Ludwig Börne)

Es ist mit der Liebe auch wie mit anderen Pflanzen: Wer Liebe ernten will, muss Liebe pflanzen.
(Jeremias Gotthelf)

Es ist nicht üblich, das zu lieben, was man besitzt.
(Anatole France)

Es ist nie zu spät, sich zu versöhnen, denn es ist nie zu spät, zu lieben, und auch nie zu spät, glücklich zu sein.
(Phil Bosmans)

Es ist schlimm, erst dann zu merken, dass man keine Freunde hat, wenn man Freunde nötig hat
(Plutarch)

Es ist schön, zu denken, dass so viele Menschen heilig sind in den Augen derer, die sie lieben.
(Christian Morgenstern)

Es ist schwer, die Liebe zu definieren. In der Seele ist sie eine Leidenschaft zu herrschen, im Verstande Sympathie, im Körper ein geheimnisvoller Drang zu besitzen.
(François de la Rochefoucauld)

Es ist wahr: Wir lieben das Leben, nicht, weil wir ans Leben, sondern ans Lieben gewöhnt sind. Es ist immer etwas Wahnsinn in der Liebe. Es ist aber auch immer etwas Vernunft im Wahnsinn.
(Friedrich Nietzsche)

Es muss von Herzen kommen, was auf Herzen wirken soll.
(Johannn Wolfgang von Goethe)

Es sind die kleinen Rechthabereien, die eine große Liebe zermürben.
(Max Frisch)

Es sind nicht alles jemandes Freunde die ihm zulachen.
(aus den Niederlanden)

Es soll keiner einen für seinen vertrauten Freund halten, er habe denn zuvor einen Scheffel Salz mit ihm gegessen.
(Martin Luther)

Es sollt ein Freund des Freundes Schwächen tragen.
(William Shakespeare)

Fast jede Frau wäre gern treu. Schwierig ist es bloß, den Mann zu finden, dem man treu sein kann.
(Marlene Dietrich)

Findet einer selbst im Unglück Liebe, so kann er wenigstens gewiss sein, dass es wahre Liebe ist.
(Honoré de Balzac)

Frau und Mann sind niemals frei. Stets ist ein Gefühl dabei.
(Kurt Tucholsky)

Frauen möchten in der Liebe Romane erleben, Männer Kurzgeschichten.
(Daphné du Maurier)

Frauen würden noch reizender sein, wenn man in ihre Arme sinken könnte, ohne ihnen in die Hände zu fallen.
(Ambrose Bierce)

Freiwillige Abhängigkeit ist der schönste Zustand, und wie wäre der möglich ohne Liebe?
(Johann Wolfgang von Goethe)

Freunde in der Not gehen Hundert auf ein Lot.
(Sprichwort)

Freu dich nicht so sehr dass du geliebt wirst, als dass du lieben kannst.
(Johann Caspar Lavater)

Freude und Leid waren schon immer mit dem Begriff Liebe untrennbar verbunden.
(Gottfried von Straßburg)

Freudvoll und leidvoll, gedankenvoll sein, hangen und bangen in schwebender Pein, himmelhochjauchzend, zu Tode betrübt, glücklich allein ist die Seele, die liebt.
(Johann Wolfgang von Goethe)

Freue dich nicht so sehr, dass du geliebt wirst, als dass du lieben kannst.
(Johann Caspar Lavater)

Freunde verständigen sich nicht, sie verstehen einander.
(Ernst Zacharias)

Freundlichkeit gegen jedermann ist die erste Lebensregel, die uns manchen Kummer ersparen kannn.
(Helmuth von Moltke)

Freundlichkeit in Worten schafft Vertrauen. Freundlichkeit im Denken schafft Tiefe. Freundlichkeit im Geben schafft Liebe. *(Laotse)*

Freundlichkeit ist eine Sprache, die Taube hören und Blinde lesen können.
(Mark Twain)

Freundschaft, das ist eine Seele in zwei Körpern.
(Aristoteles)

Freundschaft, das ist wie Heimat.
(Kurt Tucholsky)

Freundschaft, die mit Schnaps geschlossen wird, verdunstet schnell.
(Wallonisches Sprichwort)

Freundschaft: die stillschweigende Übereinkunft zweier Feinde, die für gemeinsame Beute arbeiten wollen.
(Elbert Hubbard)

Freundschaft: ein Schiff, groß genug um bei gutem Wetter zwei zu tragen, aber nur einen bei schlechtem Wetter.
(Ambrose Bierce)

Freundschaft hält stand in allen Dingen, nur in der Liebe Dienst und Werbung nicht.
(William Shakespeare)

Freundschaft im höchsten Sinne des Wortes mit vielen einzugehen, ist nicht möglich, wie man auch nicht viele zugleich lieben kann.
(Aristoteles)

Freundschaft (in ihrer Vollkommenheit betrachtet) ist die Vereinigung zweier Personen durch gleiche wechselseitige Liebe und Achtung.
(Immanuel Kant)

Freundschaft ist ein Zustand, der besteht, wenn jeder Freund glaubt, dem anderen gegenüber eine leichte Überlegenheit zu haben.
(Honore de Balzac)

Freundschaft ist das Geschenk der Götter und die kostbarste Gabe für den Menschen.
(Benjamin Disraeli)

Freundschaft ist die Blüte eines Augenblicks und die Frucht der Zeit.
(August von Kotzebue)

Freundschaft ist die Übereinstimmung in allen göttlichen und menschlichen Dingen, vereint mit Wohlwollen und Liebe.
(Cicero)

Freundschaft ist immer eine süße Verantwortung, nie eine Gelegenheit.
(Gibran)

Freundschaft ist Liebe ohne Flügel.
(aus Frankreich)

Freundschaft ist nicht nur ein köstliches Geschenk, sondern auch eine dauernde Aufgabe.
(Ernst Zacharias)

Freundschaft ist so etwas wie Liebe mit Verstand.
(Friedrich von Schiller)

Freundschaft ist weit tragischer als Liebe. Sie dauert länger.
(Oscar Wilde)

Freundschaft ist wie Geld, leichter gewonnen als erhalten.
(Samuel Butler)

Freundschaft fließt aus vielen Quellen, am reinsten aus dem Respekt.
(Daniel Defoe)

Freundschaft schafft mehr glückliche Familien als Liebe.
(aus Frankreich)

„Furchtlos und treu" ist der Wahlspruch der Liebe.
(Emanuel Geibel)

Für die Freundschaft von zweien ist die Geduld von einem nötig.
(aus Indien)

Für die Welt bist du irgendjemand, aber für irgendjemand bist du die Welt.
(Erich Fried)

Für meine Lieben ließ ich Leib und Blut, will niemand sein Gefühl und seine Kirche rauben.
(Johann Wolfgang von Goethe

Für meinen Nächsten würde oft wenig dabei herauskommen, wenn ich ihn so liebte wie mich selbst.
(Friedrich Hebbel)

Gefahr kennt keine Zuflucht und Krieg keinen Frieden für den, der die Liebe singen hört und für den sie niemals endet.
(William Butler Yeats)

Geflickte Freundschaft wird selten wieder ganz.
(Sprichwort)

Gegen große Vorzüge eines Anderen gibt es kein Rettungsmittel als die Liebe.
(Johann Wolfgang von Goethe

Geld: ein Mittel, um alles zu haben bis auf einen aufrichtigen Freund, eine uneigennützige Geliebte und eine gute Gesundheit.
(George Bernard Shaw)

Gemeinschaft ist nicht die Summe von Interessen, sondern die Summe an Hingabe.
(Antoine de Exupéry)

Genießt die Minute, solange sie glüht!
Der Frühling verwelkt, und die Liebe verblüht.
(Emanuel Geibel)

Gerechtigkeit ist Liebe mit sehenden Augen.
(Friedrich Wilhelm Nietzsche)

Gesang und Liebe im schönen Verein, sie erhalten dem Leben den Jugendschein. *(Friedrich von Schiller*
Gesegnet ist der, der seine Arbeit liebt. Er möge keinen anderen Segen erbitten.
(Thomas Carlyle)

Gestern liebt' ich, heute leid' ich; morgen sterb ich. Dennoch denk ich heut und morgen gern an gestern.
(Gotthold Ephraim Lessing)

Gewohnheit macht alles, selbst in der Liebe.
(Luc de Clapier)

Gewonnen hat immer der, der lieben, dulden und verzeihen kann.
(Hermann Hesse)

Gezwungene Liebe und gemalte Wangen dauern nicht.
(Sprichwort)

Gib deinen und deines Vaters Freund nicht auf.
(Sprüche Salomo 27,10)

Gib dich jeder Frau gegenüber so, als seist du in sie verliebt, und jedem Mann, als sei er dir überlegen! Bald wirst du dich im Ruf des vollendeten Gentleman befinden.
(Oscar Wilde)

Gib mir ein Herz voll Zuversicht, erfüllt mit Lieb' und Ruhe, ein weises Herz, das seine Pflicht erkenn' und willig tue!.
(Christian Fürchtegott Gellert)

Glänzende Eigenschaften des Geistes erwerben Bewunderung, aber nicht Zuneigung: diese bleibt den moralischen, den Eigenschaften des Charakters vorbehalten.
(Arthur Schopenhauer)

Gibt es schließlich eine bessere Form, mit dem Leben fertig zu werden, als mit Liebe und Humor?
(Charles Dickens)

Glaube, Liebe, Hoffnung: glaube, liebe Hoffnung!
(Friedrich Hebbel)

Gleichheit ist die Seele der Freundschaft.
(Aristoteles)

Gleichheit ist immer das festeste Band der Liebe.
(Gotthold Ephraim Lessing)

Glück ist das einzige, was wir anderen geben können, ohne es selbst zu haben.
(Carmen Sylva)

Glück ist Liebe, nichts anderes. Wer lieben kann, ist glücklich.
(Hermann Hesse)

Glücklich allein ist die Seele, die liebt.
(Johann Wolfgang von Goethe)

Glücklich! Glücklich! Dich hab ich gefunden, hab aus Millionen dich umwunden, und aus Millionen mein bist du.
(Friedrich von Schiller)

Glücklich ist, wer das, was er liebt, auch wagt, mit Mut zu beschützen.
(Ovid)

Gott beschütze mich vor meinen Freunden; mit meinen
Feinden will ich schon selber fertig werden.
(Johannes Manlius)

Gott gab seiner Schöpfung nur einen einzigen Pfeiler: Liebe.
(Carmen Sylva)

Gott ist Liebe, und wer in der Liebe bleibt, der bleibt in Gott
und Gott in ihm.
(Johannes 4,16)

Großzügigkeit ist das Wesen der Freundschaft.
(Oscar Wilde)

Gott erhalte uns die Freundschaft. Man möchte beinah
glauben, man sei nicht allein.
(Kurt Tucholsky)

Gott hat uns seinen Geist geschenkt und uns dadurch
gezeigt, wie sehr er uns liebt.
(Brief an die Römer 5,5)

Gott ist Liebe. Wer in der Liebe lebt, der lebt in Gott, und
Gott lebt in ihm.
(1.Brief des Johannes 4,16)

Gott ist nahe, wo die Menschen einander Liebe zeigen.
(Johann Heinrich Pestalozzi)

Große Wasser können die liebe nicht löschen, Ströme sie
nicht überfluten.
(Hoheslied Salomos 8,7)

Gute Freunde findet man nicht am Wege.
(Sprichwort)

Hab ich nur deine Liebe, die Treue brauch ich nicht. Die Liebe braucht die Knospe, aus der die Treue bricht.
(Giovanni Boccaccio)

Halte es mit jedermann freundlich, aber zum Ratgeber nimm unter Tausenden nur einen.
(Jesus Sirach)

Hass erregt Hader; aber Liebe deckt zu alle Übertretungen.
(Sprüche 10,12)

Hat dich die Liebe gerührt, still unterm lärmenden Volke gehst du in goldener Wolke, sicher vom Gotte geführt.
(Paul Heyse)

Hat man die Liebe durchgeliebt, fängt man die Freundschaft an.
(Heinrich Heine)

Hätte ich allen Glauben, also dass ich Berge versetzte, und hätte die Liebe nicht, so wäre ich nichts.
(Korinther 13,2)

Heut' ist mir alles herrlich; wenn's nur bliebe! Ich sehe heut' durchs Augenglas der Liebe.
(Johann Wolfgang von Goethe)

Hoch ist der Liebe süßer Traum, erhaben über Zeit und Raum.
(Wilhelm Busch)

Hinter jedem großen Mann stand immer eine liebende Frau und es ist viel Wahrheit in dem Ausspruch, dass ein Mann nicht größer werden kann, als die Frau, die er liebt, ihn sein lässt.
(Pablo Picasso)

Hunger und Liebe sind die Triebkräfte aller menschlichen Handlungen.
(Anatole France)

Ich bin überzeugt, man liebt sich nicht bloß in andern, sondern hasst sich auch in andern.
(Georg Christoph Lichtenberg)

Ich fühl es endlich, nur in ganzer Kraft ist ganze Liebe.
(Friedrich Hölderlin)

Ich fürchte nichts - nichts - als die Grenzen deiner Liebe.
(Friedrich Schiller)

Ich ging, du standst und sahst zur Erden, Und sahst mir nach mit nassem Blick: Und doch: Welch Glück, geliebt zu werden, und lieben, Götter welch ein Glück.
(Johann Wolfgang von Goethe

Ich glaube, dass den Menschen begrenzt, was er liebt. Wir reichen so weit wie unsere Liebe.
(Lotte Ingrisch)

Ich habe dich geliebet und liebe dich noch. Und fiele die Welt zusammen, aus ihren Trümmern stiegen doch hervor meiner Liebe Flammen.
(Heinrich Heine)

Ich glaube, nichts lehrt einen besser Bescheidenheit, als wenn man einen wertvollen Menschen liebt.
(André Gide)

Ich glaube, dass kein Mann jemals ein rechtes Leben gelebt hat, der nicht durch die Liebe einer Frau gebessert, durch ihren Mut gestärkt und durch die Weisheit ihres Herzens geführt worden ist.
(John Ruskin)

Ich habe drei Schätze, die ich hüte und hege. Der eine ist die Liebe, der zweite ist die Genügsamkeit, der dritte ist die Demut. Nur der Liebende ist mutig, nur der Genügsame ist großzügig, nur der Demütige ist fähig zu herrschen.
(Laotse)

Ich habe genossen das irdische Glück, Ich habe gelebt und geliebet! *(Friedrich von Schiller)*

Ich habe geliebet; nun lieb' ich erst recht.
(Johann Wolfgang von Goethe)

Ich habe noch nie einen hinterlistigen Menschen mit einem treuen Hund kennengelernt.
(James Gardner)

Ich liebe dich so sehr - ich würde dir ohne Bedenken eine Kachel aus meinem Ofen schenken.
(Joachim Ringelnatz)

Ich liebe Sie, der Sie mir das Notwendige und das Überflüssige sind.
(Simone de Beauvoir)

Ich liebe mir den heitren Mann am meisten unter meinen Gästen. Wer sich nicht selbst zum besten haben kann, der ist gewiss nicht von den besten.
(Johann Wolfgang von Goethe)

Ich liebe sie, sie liebet mich; doch keines sagt: „Ich liebe dich.
(Ludwig Uhland)

Ich möchte Bündigeres, Einfacheres, Ernsteres, ich möchte mehr Seele und mehr Liebe und mehr Herz.
(Vincent van Gogh)

Ich will gar nicht, dass mich jeder mag. Die Zuneigung gewisser Personen ließe mich sogar in der Selbstachtung sinken.
(Henry James)

Ich will meine Frau glücklich machen, und nicht mein Glück durch sie machen.
(Wolfgang Amadeus Mozart)

Ihr habt gehört, dass gesagt ist: Du sollst deinen Nächsten lieben und deinen Feind hassen. Ich aber sage euch: Liebt eure Feinde und bittet für die, die euch verfolgen.
(Matthäus 5, 43-44)

Ihr müsst die Menschen lieben, wenn ihr sie ändern wollt.
(Johann Heinrich Pestalozzi)

Im Arm der Liebe ruht sich's wohl.
(Hermann Wilhelm Franz Ueltzen)

Im Unglück erkannt man die Freunde.
(Johann Gottfried Herder)

In der Freundschaft wie in der Liebe ist man oft glücklicher durch das, was man nicht weiß, als durch das, was man weiß.
(François de la Rochefoucauld)

In der Gesellschaft berührt man nur die Werte der Oberfläche, die der Tiefe in der Freundschaft.
(Joseph Joubert)

In der Kunst wie im Leben ist alles möglich, wenn es auf Liebe gegründet ist.
(Marc Chagall)

In der Liebe ergeben ein kluger Mann und eine kluge Frau zusammen zwei Narren.
(Helen Vita)

In der Liebe fühlt sich der Mann als Bogen, er ist aber nur der Pfeil.
(Jeanne Moreau)

In der Liebe ist alles wahr, alles falsch. Sie ist das einzige Ding, über das man nichts absurdes sagen kann.
(Nicolas-Sebastien Roch Chamfort)

In der Liebe ist der Mann stolz auf seine Eroberungen, die Frau zufrieden mit ihren Niederlagen.
(Sacha Guitry)

In der Liebe kommt es zu dem Paradoxon, dass zwei
Wesen eins werden und trotzdem zwei bleiben.
(Erich Fromm)

In der Liebe gibt es zweierlei Übel: Krieg und Frieden.
(Horaz)

In der Liebe musst du dreimal geben, bevor du einmal
nehmen darfst.
(aus Brasilien)

In der Liebe suchen die meisten ewige Heimat. Andere,
sehr wenige aber, das ewige Reisen.
(Walter Benjamin)

In der Liebe versinken und verlieren sich alle Widersprüche
des Lebens. Nur in der Liebe sind Einheit und Zweiheit nicht
im Widerspruch.
(Rabindranath Tagore)

In der Liebe wirkt nichts so überzeugend, wie eine kühne
Dummheit.
(Honore de Balzac)

In die Verwandtschaft wird man hineingeboren,
aber Freundschaft ist ein Geschenk der Götter.
(Marion Zimmer-Bradley)

Individualität ist das, was mich von der Welt absondert;
Liebe ist das, was mich mit ihr verbindet. Je stärker die
Individualität, desto stärker erfordert sie die Liebe.
(Walter Rathenau)

In der Liebe ziehen sich Gegensätze an. *(aus Italien)*

In einem Augenblick gewährt die Liebe, was Mühe kaum in langer Zeit erreicht.
(Johann Wolfgang von Goethe)

In einem Lande, wo den Leuten, wenn sie verliebt sind, die Augen im Dunkeln leuchteten, bräuchte man des Abends keine Laternen.
(Georg Christoph Lichtenberg)

In jeder Art der weiblichen Liebe kommt auch etwas von der mütterlichen Liebe zum Vorschein.
(Friedrich Nietzsche)

In Liebesdingen kann jede Frau schneller hören als der Mann zu sprechen vermag.
(Helen Rowland)

Ist denn Lieben ein Verbrechen, soll man denn nicht zärtlich sein, nicht mit seinem Liebchen sprechen, sich nicht ihrer Liebe freun?
(Jean de Lingendes)

Ja! eine Sonne ist der Mensch, allsehend, allverklärend, wenn er liebt, und liebt er nicht, so ist er eine dunkle Wohnung, wo ein rauchend Lämpchen brennt.
(Friedrich Hölderlin)

Ja, mein Guter; man hat von seinen Freunden zu leiden gehabt.
(Johann Peter Eckermann)

Je größer der Mann, desto tiefer seine Liebe.
(Leonardo da Vinci)

Je größer die Liebe, desto weiter und mannigfacher diese Welt.
(Novalis)

Je mehr du dich selbst liebst, je mehr bist du dein eigener Feind.
(Marie von Ebner-Eschenbach)

Je mehr man liebt, um so tätiger wird man sein.
(Vincent van Gogh)

Jeder geliebte Mensch ist der Mittelpunkt eines Paradieses.
(Novalis)

Jeder liebt sich selber nur am meisten.
(Gotthold Epraim Lessing)

Jedermann will einen Freund haben, aber niemand gibt sich Mühe, auch einer zu sein.
(Alphonse Karr)

Jedes Übel in der Liebe ist leicht, wenn du es ertragen willst.
(Properz)

Kein besseres Heilmittel gibt es im Leid als eines edlen Freundes Zuspruch.
(Euripides)

Jemanden lieben heißt, glücklich sein, ihn zu sehen.
(Henri Duvernois)

Kann etwas besser sein, als stete Freundestreue?
(Johann Wolfgang von Goethe)

Kein Feuer, keine Kohle tut brennen so heiß, als wie heimliche Liebe, von der niemand weiß.
(Volkslied)

Kein Weg ist lang, mit einem Freund an der Seite.
(Anonym)

Keine freundschaftliche Verbindung pflegt dauerhafter zu sein, als die, welche in der frühen Jugend geschlossen werden. Man ist da noch weniger misstrauisch, weniger schwierig in Kleinigkeiten.
(Adolph Freiherr Knigge)

Kinder, die man nicht liebt, werden Erwachsene, die nicht lieben.
(Pearl S. Buck)

Komm, weine nicht; Du bist so wert mir, wie die Treue selbst!
(Heinrich von Kleist)

Krone des Lebens, Glück ohne Ruh, Liebe, bist du.
(Johann Wolfgang von Goethe)

Kummer lässt sich allein tragen. Für das Glück sind zwei Menschen erforderlich.
(Elbert Hubbard)

Kühner Mut ist bei der Liebe.
(Johann Christoph Friedrich von Schiller)

Lachen und Weinen zu jeglicher Stunde ruht bei der Liebe auf so mancherlei Grunde. *(Friedrich Rückert)*

Lass einen alten Freund nicht fahren, denn ein neuer kommt ihm nicht gleich. Ein neuer Freund ist wie neuer Wein: erst wenn er alt geworden, wirst du dich an ihm laben.
(Jesus Sirach 9,10)

Lass Liebe und Treue nicht von dir weichen; binde sie dir an den Hals, schreibe sie auf die Tafel deines Herzens, so wirst du Gunst und Beifall finden vor Gott und den Menschen.
(Sprüche Salomos 3, 3 – 4)

Lasse nie zu, dass du jemandem begegnest, der nicht nach der Begegnung mit dir glücklicher ist.
(Mutter Teresa)

Lasst uns nicht lieben bloß mit Worten und mit dem Munde, sondern mit der Tat und mit der Wahrheit.
(Johannes 3,18)

Leben ist wie lieben – alle Vernunft spricht dagegen und aller gesunde Instinkt spricht dafür.
(Samuel Butler)

Lege mich wie ein Siegel auf dein Herz, wie ein Siegel auf deinen Arm. Denn Liebe ist stark wie der Tod und Leidenschaft unwiderstehlich wie das Totenreich. Ihre Glut ist feurig und eine Flamme des Herrn.
(Hoheslied 8,6)

Leidenschaftliche Liebe und Ehe sind zweierlei.
(Georg Wilhelm Friedrich Hegel)

Lieb' oder Hass - ein drittes gibt's bei Frauen nicht.
(Publilius Syrus)

Liebe aber, die ist dienstbar und untertan dem, das sie lieb hat. *(Martin Luther)*

Liebe, aber wahrhaft. Und es fallen dir alle anderen Tugenden von selbst zu.
(Ludwig Feuerbach)

Liebe: auch ein Problem, das Marx nicht gelöst hat.
(Jean Anouilh)

Liebe auf den ersten Blick: Augenaufschlag, der schon manchen teuer zu stehen kam.
(Ron Kritzfeld)

Liebe auf dem ersten Blick ist ungefähr so zuverlässig wie Diagnose auf den ersten Händedruck.
(George Bernard Shaw)

Liebe auf den ersten Blick: die am weitesten verbreitete Augenkrankheit.
(Gino Cervi)

Liebe besteht nicht darin, in den anderen hineinzustarren, sondern darin, gemeinsam nach vorn zu blicken. *(Antoine de Saint-Exupéry)*

Liebe behält ihren Wert. *(1.Brief an die Korinther 13,8)*

Liebe bleibt die goldene Leiter, drauf das Herz zum Himmel steigt.
(Emanuel Geibel)

Liebe bleibt die Krone für ein jedes Weib. *(Euripides)*

Liebe bleibt immer ein schweres Stück Arbeit.
(George Orwell)

Liebe bringt selbst den Esel zum Tanzen.
(aus Frankreich)

Liebe: das Licht des Lebens, in der Ehe kommt die Stromrechnung.
(Anonym)

Liebe deckt alle Vergehen zu.
(Sprüche Salomos 10,12)

Liebe: das triebartig beim homo sapiens als Zwangsvorstellung auftretende Phänomen, trotz Milliardenvorkommens von Individuen des anderen Geschlechtes nur mit einem einzigen Exemplar dieser Gattung leben zu können.
(Ron Kritzfeld)

Liebe deinen Fernsten, wie du deinen Nächsten nicht leiden magst, dann wird vielleicht einmal Friede in der Welt werden.
(Arthur Schnitzler)

Liebe denkt in süßen Tönen, denn Gedanken stehn zu fern.
Nur in Tönen mag sie gern, alles, was sie will, verschönen.
(Ludwig Tieck)

Liebe: der Austausch zweier Phantasien und die Berührung
zweier Hautschichten.
(Nicolas Chamfort)

Liebe: der Versuch der Natur, den Verstand aus dem Wege
zu räumen.
(Thomas Niederreuther)

Liebe: die Geschichte der Verfolgung des Mannes durch die
Frau.
(George Bernard Shaw)

Liebe, die von Herzen liebt, ist am reichsten, wenn sie gibt;
Liebe, die von Opfern spricht, ist schon rechte Liebe nicht.
(Emanuel Geibel)

Liebe die Wahrheit, doch verzeihe den Irrtum.
(Voltaire)

Liebe: ein Handel, wobei beide Parteien gewinnen.
(Georg Christoph Lichtenberg)

Liebe: ein Spiel, bei dem man dann ganz verloren ist, wenn
man seinen Partner besiegt.
(Ron Kritzfeld)

Liebe: - eine Gleichung mit zwei Unbekannten.
(Gerhard Branstner)

Liebe: eine vorübergehende Geisteskrankheit, die entweder durch Heirat heilbar ist oder durch die Entfernung des Patienten von den Einflüssen, unter denen er sich die Krankheit zugezogen hat. *(Ambrose Bierce)*

Liebe erblüht im Staunen einer Seele, die nichts erwartet, und sie stirbt an der Enttäuschung des Ichs, das alles fordert.
(Gustave Flaubert)

Liebe gleicht dem Mond: wenn sie nicht zunimmt, nimmt sie ab.
(Aus Portugal)

Liebe greift auch in die Ferne, Liebe fesselt ja kein Ort. Wie die Flamme nicht verarmet, zündet sich an ihrem Feuer eine andre wachsend fort.
(Friedrich von Schiller)

Liebe hat kein Alter.
(Blaise Pascal)

Liebe heißt, dass wir uns dem anderen ganz ohne Garantie ausliefern.
(Erich Fromm)

Liebe heißt, dem geliebten Wesen recht geben, wenn es unrecht hat.
(Charles Peguy)

Lieben heißt, in dem Anderen sich selbst erobern.
(Friedrich Hebbel)

Lieben heißt leiden. Man kann sich nur gezwungen (natura) dazu entschließen. Das heißt: Man muss es nur, man will es nicht.
(Johann Wolfgang von Goethe)

Liebe hört auf keine Lehre,
weiß im Leben nicht ein noch aus.
Wenn's nicht eben die Liebe wäre,
sie sperrten sie ins Irrenhaus.
(Friedrich Halm)

Liebe, Husten und Bauch kann man nicht verstecken."
(Aus Venedig)

Liebe ist Anregung für das Herz unter gleichzeitiger Lokalanästhesie des Verstandes.
(Sacha Guitry)

Liebe ist blind, aber sie sieht von weitem.
(Aus der Toskana)

Liebe ist das allgemeine Band, das alle Wesen im Universum an und ineinander bindet und verwebt.
(Franz von Baader)

Liebe ist das Bewusstsein, Freude zu geben und zu empfangen.
(Honore de Balzac)

Liebe ist das charmanteste Unglück, das uns zustoßen kann.
(Curt Goetz)

Liebe ist das einzige Mittel, die Gunst der Frauen zu ertragen, die für Geld nicht zu haben sind."
(François de La Roche Foucauld)

Liebe ist das Kind der Freiheit, niemals das der Beherrschung. *(Erich Fromm)*

Liebe ist, dass du mir das Messer bist, mit dem ich in mir wühle.
(Franz Kafka)

Liebe ist der Endzweck der Welt-geschichte – das Unum des Universums.
(Novalis)

Liebe ist der Entschluss, das Ganze eines Menschen zu bejahen, die Einzelheiten mögen sein, wie sie wollen.
(Otto Flake)

Liebe ist der höchste Grad der Arznei.
(Philippus Aureolus Theophrastus Paracelsus)

Liebe ist der Wunsch, etwas zu geben, nicht zu erhalten.
(Berthold Brecht

Liebe ist die Antwort, aber während man auf sie wartet, stellt der Sex ein paar ganz gute Fragen.
(Woody Allen)

Liebe ist die edelste Schwäche des Geistes.
(John Drydeen)

Liebe ist die einzige Sklaverei, die als Vergnügen empfunden wird.
(George Bernhard Shaw)

Liebe ist die Fähigkeit, Ähnliches an Unähnlichem wahrzunehmen."
(Theodor W. Adorno)

Liebe ist die Kraft, nicht nur die eigene, sondern auch die Unvollkommenheit eines anderen lebenslang zu ertragen.
(Ron Kritzfeld)

Liebe ist die Kunst, etwas zu produzieren mit den Fähigkeiten des anderen. Dazu braucht man von dem anderen Achtung und Zuneigung.
(Berthold Brecht)

Liebe ist die Torheit, einen anderen zu schätzen, bevor man sich selber kennt.
(Ambrose Bierce)

Liebe ist ein liebenswürdiger Wahnsinn - Ehrgeiz eine ernsthafte Dummheit.
(Nicolas Chamfort)

Liebe ist die starke Übertreibung des Unterschiedes zwischen einer Person und allen anderen."
(George Bernard Shaw)

Liebe ist die stärkste Macht der Welt, und doch ist sie die demütigste, die man sich vorstellen kann.
(Mahatma Ghandi)

Liebe ist die tätige Sorge für das Leben und das Wachstum dessen, was wir lieben.
(Erich Fromm)

Liebe ist die wunderbare Gabe, einen Menschen so zu sehen, wie er nicht ist.
(Hannelore Schroth)

Liebe ist Eigenliebe zu zweit.
(Germaine de Stael)

Liebe ist ein Boogie Woogie der Hormone.
(Henry Miller)

Liebe ist ein Geist, von Feuer ganz gewoben, leicht, nunmehr sinkend, strebend nur nach oben.
(William Shakespeare)

Liebe ist ein Glas, das zerbricht, wenn man es zu unsicher oder zu fest anfasst.
(aus Russland)

Liebe ist ein Ozean von Gefühlen, umgeben von uferlosen Ausgaben."
(James Dewar)

Liebe ist ein privates Weltereignis.
(Alfred Polgar)

Liebe ist ein vorübergehendes Unwohlsein, heilbar durch Heirat.
(Ambrose Bierce)

Liebe ist ein Zeitwort, ein Verhältniswort, ein Zahlwort oder
ein Umstandswort – je nachdem.
(Orson Welles)

Liebe ist eine Frucht mit süßem Saft und bitterem Fleisch.
(aus Arabien)

Liebe ist eine Macht, die Liebe erzeugt.
(Erich Fromm)

Liebe ist eine tolle Krankheit - da müssen immer gleich zwei
ins Bett.
(Robert Lembke)

Liebe ist eine vorübergehende Blindheit für die Reize
anderer Frauen."
(Marcello Mastroianni)

Liebe ist Eitelkeit und Selbstsucht vom Anfang bis zum
Ende.
(Lord Byron)

Liebe ist etwas Ideelles, Heirat etwas Reelles, und nie
verwechselt man ungestraft das Ideelle mit dem Reellen.
(Johann Wolfgang von Goethe)

Liebe ist freiwillige Gabe, Schmeichelei, Huldigung.
(Johann Wolfgang von Goethe)

Liebe ist für die Männer, was der Essig für die Pfeffergurken
ist. Sie konserviert sie."
(Pitigrilli)

Liebe ist genauso notwendig wie Brot.
(Honore de Balzac)

Liebe ist immer noch die anständigste Entschuldigung für Dummheiten. (Horst Wolfram Geissler)

Liebe ist jener seltsame Zustand, den alle belächeln, bevor sie von ihm befallen werden.
(Virna Lisi)

Liebe ist jener seltsame Zustand, in dem man bereit ist, die Frau im Singular zu akzeptieren
(George Courtekine)

Liebe ist kein Solo, Liebe ist ein Duett. Schwindet sie bei einem, verstummt das Lied.
(Adelbert von Chamisso)

Liebe ist nicht das was man erwartet zu bekommen, sondern das was man bereit ist zu geben.
(Katharine Hepburn)

Liebe ist nichts ohne Geist ... hier beginnen die Schwierigkeiten.
(Paul Valery)

Liebe ist nur dann von Dauer, wenn die Liebenden mehr Gemeinsamkeiten haben als die gegenseitige Zuneigung.
(Anonymus)

Liebe ist von allen Krankheiten noch die gesündeste.
(Euripides)

Liebe ist stets der Anfang des Wissens, so wie Feuer der Anfang des Lichtes ist.
(Thomas Carlyle)

Liebe ist, wenn sie dir die Krümel aus dem Bett macht.
(Kurt Tucholsky)

Liebe ist wie ein Verkehrsunfall. Man wird angefahren und fällt um. Entweder überlebt man - oder nicht.
(Juliette Greco)

Liebe ist wie epidemische Krankheiten: je mehr man sie fürchtet, umso mehr setzt man sich ihnen aus.
(Nicolas Chamfort)

Liebe ist keine Erfindung der Menschen – eine Erfindung Gottes.
(P.Bosmans)

Liebe kommt der Bitte zuvor.
(Sprichwort)

Liebe macht blind, aber nicht taub - daran ist schon manche hoffnungsvolle Beziehung gescheitert.
(George Bernard Shaw)

Liebe macht blind - aber wer heiratet, kann plötzlich wieder sehen. *(unbekannt)*

Liebe macht mehr Vergnügen als die Ehe. Romane sind auch unterhaltender als die Geschichte.
(Nicolas Chamfort)

Liebe macht nicht blind. Der Liebende sieht nur weit mehr als da ist.
(Oliver Hassencamp)

Liebe mag für primitive Naturen ein körperliches Bedürfnis darstellen. Geistigen Menschen bedeutet sie da fesselndste Erlebnis der ganzen Schöpfung.
(Honore de Balzac)

Liebe Menschen im Leben zu haben macht den Reichtum des Daseins aus.
(Albert Schweizer)

Liebe mich ein bißchen weniger und dafür länger.
(Jüdisches Sprichwort)

Liebe: nur ein schmutziger Trick der Natur, um das Fortbestehen der Menschheit zu garantieren.
(William Somerset Maugham)

Liebe – sagt man schön und richtig – ist ein Ding, welches äußerst wichtig.
(Wilhelm Busch)

Liebe schwärmt auf allen Wegen; Treue wohnt für sich allein. Liebe kommt dir rasch entgegen; aufgesucht will Treue sein.
(Johann Wolfgang von Goethe)

Liebe und Glück sind blind, und beide innigst verschwistert; Glückliche werden geliebt, und Liebende werden beglückt.
(Edward Dorer)

Liebe sei vor allen Dingen unser Thema, wenn wir singen.
(Johann Wolfgang von Goethe)

Liebe regiert ohne Gesetze.
(aus Italien)

Liebe und Hass sind nicht blind, aber geblendet vom Feuer, das sie selbst in sich tragen.
(Friedrich Nietzsche)

Liebe und Kunst umarmen nicht, was schön ist, sondern was eben dadurch schön wird.
(Karl Kraus)

Liebe und Moschus lassen sich nicht verheimlichen.
(aus Persien)

Liebe und Trompeteblasen nützen zu vielen guten Dingen.
(Joseph Victor von Scheffel)

Liebe, und tue, was du willst.
(Augstinus von Hippo)

Liebe verausgabt sich nicht. Je mehr du gibst, desto mehr bleibt dir.
(Antoine de Saint-Exupéry)

Liebe vermag viel, Geld alles. *(aus Frankreich)*

Liebe vertreibt die Zeit, und Zeit vertreibt die Liebe.
(Sprichwort)

Liebe zuerst bringt Lust, doch am Schluss nur Schmerzen dem Herzen.
(Ovid)

Lieben heißt Seele werden wollen in einem anderen.
(Friedrich Schleiermacher)

Lieben heißt, sich mit der Wirklichkeit begnügen.
(Stefan Napierski)

Liebende schließen beim Küssen die Augen, weil sie mit dem Herzen sehen möchten.
(Daphne du Maurier)

Liebende sind für sich allein ihre ganze Familie.
(Honoré de Balzac)

Liebende wissen nichts von Schamhaftigkeit.
(Honoré de Balzac)

Liebesschwüre sind wie die Gelübde der Matrosen auf hoher See: Nach dem Orkan ist alles vergessen.
(John Webster)

Liebst du das Leben? Dann vergeude keine Zeit, denn daraus besteht das Leben.
(Benjamin Franklin)

Liebst du eine Frau zu schnell, liebst du sie schnell nicht mehr.
(aus Nigeria)

Liebet eure Feinde; vielleicht schadet das ihrem Ruf.
(Stanislaw Jercy Lec)

Lieblich dem Herzen, dem Aug lieblich erscheine sie stets.
(Friedrich von Schiller)

Liebt das, was ihr zum zweiten Mal nie wiedersehen werdet.
(Alfred Comte de Vigny)

Liebt ein Mensch den Frieden, wird er nicht zum Feigling.
(aus Nigeria)

Lust und Liebe sind die Fittiche zu großen Taten.
(Johann Wolfgang von Goethe)

Mache Freundschaft mit eines Menschen Güte, nicht mit
seinem Gut.
(aus China)

Macht können wir durch Wissen erlangen, aber zur
Vollendung gelangen wir nur durch die Liebe.
(Rabindranath Tagore)

Mädchen glauben an Liebe auf den ersten Blick, Männer an
Liebe bei der ersten Gelegenheit.
(Unbekannt)

Man braucht kein Licht, um jemanden, den man wirklich
liebt, im Dunkeln zu sehen.
(aus Ghana)

Macht ist immer lieblos. Liebe niemals machtlos.
(unbekannt)

Man darf Erfolg haben und Zuneigung erobern nicht miteinander verwechseln.
(Sully Prudhomme)

Man hört immer von Leuten, die vor lauter Liebe den Verstand verloren haben. Aber es gibt auch viele, die vor lauter Verstand die Liebe verloren haben.
(Jean Paul)

Man ist glücklich verheiratet, wenn man lieber heimkommt als fortgeht.
(Heinz Rühmann)

Man kann auch diejenigen von ganzen Herzen lieben, deren Mängel man wohl kennt. Es wäre überheblich zu glauben, dass einzig das Vollkommene das Recht habe, uns zu gefallen. Mitunter verbinden uns Schwächen ebenso innig wie es die Tugend vermag.
(Marquis de Vauvenargues)

Man kann in Kinder nichts hineinprügeln, aber vieles herausstreicheln.
(Astrid Lindgren)

Man kann Handlungen versprechen, aber keine Empfindungen; denn diese sind unwillkürlich. Wer jemandem verspricht, ihn immer zu lieben oder immer zu hassen oder ihm immer treu zu sein, verspricht etwas, das nicht in seiner Macht steht.
(Friedrich Nietzsche)

Man kommt in der Freundschaft nicht weit, wenn man nicht bereit ist, kleine Fehler zu verzeihen.
(Jean de la Bruyère)

Man kann ohne Liebe Holz hacken, Ziegel formen, Eisen schmieden, aber man kann nicht ohne Liebe mit Menschen umgehen.
(Leo Tolstoi)

Man lernt nichts kennen, als was man liebt.
(Johann Wolfgang von Goethe)

Man liebt das, wofür man sich müht, und man müht sich für das, was man liebt.
(Erich Fromm)

Man liebt einen Menschen nicht alle Tage."
(Aus Kenia)

Man liebt jemanden in großer Liebe, und das heißt, man macht ihn unerschöpflich.
(Paul Valery)

Man liebt umso weniger, je mehr man urteilt.
(Nicolas Sebastien Roch Chamfort)

Man mag in der Liebe heikel sein, man verzeiht in ihr doch mehr Fehler als in der Freundschaft.
(Labruyere)

Man mag drei- oder viertausend Menschen gekannt haben, man spricht aber immer nur von sechs oder sieben.
(Elias Canetti)

Man mag Menschen, die der Seele Nahrung zukommen lassen.
(Elfriede Hablè)

Man muss lachen und weinen, lieben, arbeiten, genießen und leiden, soviel wie möglich nach dem Maße seiner Fähigkeit in Schwingung sein. Das ist das wahrhaft Menschliche. *(Gustave Flaubert)*

Man muss nur ein Wesen recht von Grund aus lieben, da kommen einem die übrigen alle liebenswürdig vor.
(Johann Wolfgang von Goethe)

Man ruht in ihrer Liebe, man erlaubt sich eine Laune, ungezähmter wirkt die Leidenschaft; und so verletzen wir die, die wir am zärtsten lieben.
(Johann Wolfgang von Goethe)

Man soll die Verirrungen des Geistes nicht für ein Bedürfnis des Herzens halten.
(Johann Nepomuk Nestroy)

Man soll lieben, wie wenn die Geliebte morgen sterben müßte.
(aus Arabien)

Man wird in der Regel keinen Freund dadurch verlieren, dass man ihm ein Darlehen abschlägt, aber sehr leicht dadurch, dass man es ihm gibt.
(Arthur Schopenhauer)

Mancher Freund ist anhänglicher als ein Bruder.
(Sprüche Salomos 18,24)

Manch einer heißt ein gütiger Mann; einen getreuen Mann aber, wer findet den?
(Sprüche Salomo 20,6)

Männer: die schönsten und gefährlichsten Raubtiere der Welt. Ich liebe sie wie der Dompteur seine Tiger liebt.
(Eartha Kitt)

Männer und Frauen, die zu viel geliebt worden sind, verlieren oft die Fähigkeit, selber zu lieben.
(Otto von Leixner)

Männer widerstehen oft den schlagendsten Argumenten, und dann erliegen sie einem Augenaufschlag.
(Honoré de Balzac)

Männer wollen immer die erste Liebe einer Frau sein. Wir Frauen haben in diesen Dingen mehr Gefühl: Wir möchten die letzte Liebe eines Mannes sein.
(Oscar Wilde)

Mehr als Geld brauchst du Liebe, Liebe ist die Kaufkraft des Glückes.
(P.Bosmans)

Mein Herz, ich will dich fragen: Was ist denn Liebe? Sag! – Zwei Seelen und ein Gedanke, zwei Herzen und ein Schlag. – Und sprich: Woher kommt Liebe? – Sie kommt, und sie ist da. – Und sprich: Wie schwindet Liebe? - Die war's nicht, der's geschah!
(Friedrich Halm)

Mensch, was du liebst, in das wirst du verwandelt werden.
(Angelus Silesius)

Menschen zu finden, die mit uns fühlen und empfinden, ist wohl das schönste Glück auf Erden.
(Carl Spitteler)

Mit aller deiner Kraft liebe deinen Schöpfer, und seine Diener lass nicht im Stich.
(Sirach 7,30)

Mir ist auf der Straße ein sehr armer junger Mann begegnet, der verliebt war. Sein Hut war alt, sein Mantel abgetragen, Wasser rann durch seine Schuhe. Aber Sterne zogen durch seine Seele.
(Victor Hugo)

Mit der großen Liebe ist es wie mit den Geistererscheinungen: Alle reden davon, aber niemand hat sie gesehen.
(Francois de La Rochefoucauld))

Mit einer verliebten Frau kann man alles machen, was sie will.
(Marcello Mastroianni)

Mit ewiger Liebe habe ich dich geliebt; darum habe ich dich zu mir gezogen aus lauter Güte.
(Jeremia 31,3)

Mit Geld kann man sich viele Freunde kaufen, aber selten ist einer seinen Preis wert.
(Josephine Baker)

Mitleid ist die letzte Weihe der Liebe.
(Heinrich Heine)

Mit Kummer kann man allein fertig werden, aber um sich aus vollem Herzen freuen zu können, muss man die Freude teilen.
(Mark Twain)

Morgen liebe, was auch immer noch geliebet hat zuvor. Was geliebt hat längst und immer, lieb auch morgen nach wie vor.
(Gottfried August Bürger)

Mütter lieben ihre Kinder mehr, als Väter es tun, weil sie sicher sein können, dass es ihre sind.
(Aristoteles)

Nach der Liebe ist die Eitelkeit die schönste Leidenschaft des Menschen […] Sie zwingt uns, gut zu sein, aus dem Drang heraus, so zu scheinen.
(George Sand)

Nächstenliebe findet man zum Beispiel bei Menschen, die Dienstvorschriften nicht einhalten.
(Ezra Pound)

Nimm die Liebe weg, und es bleiben keine Leidenschaften; setze sie hinzu, und diese werden alle wieder geboren.
(Jacques Bénigne Bossuet)

Nehmt euch in acht in eurem Geist und brecht nicht die Treue.
(Maleachi 2,16)

Nenne mir den weiten Mantel, drunter alles sich verstecket; Liebe tut's, die alle Mängel gerne hüllt und fleißig decket.
(Logau)

Neues entsteht nicht nicht durch den Intellekt, sondern durch den Spielinstinkt, der aus innerer Notwendigkeit agiert. Der kreative Geist spielt mit den Objekten, die er liebt. *(Carl Gustav Jung)*

Nicht das Schöne macht lieb, sondern die Liebe macht schön.
(aus Russland)

Nicht der ist auf der Welt verwaist, dem Vater und Mutter gestorben, sondern der für Herz und Geist keine Liebe und kein Wissen erworben.
(Friedrich Rückert)

Nicht der Mangel der Liebe, sondern der Mangel der Freundschaft macht die unglücklichen Ehen.
(Friedrich Wilhelm Nietzsche)

Nicht die Vollkommenen, sondern die Unvollkommenen brauchen unsere Liebe.
(Oscar Wilde)

Nicht einmal sich selbst vermag der Mensch zu lieben, es sei denn, dass er sich als Ewiges erfasse.
(Johann Gottlieb Fichte)

Nicht mitzuhassen, mitzulieben bin ich da.
(Sophokles)

Nicht wenn du liebenswürdig bist, wirst du geliebt; wenn man dich liebt, wirst du liebenswürdig.
(Ludwig Börne)

Nicht wer gibt, sondern wer fordert, wird geliebt.
(Cesare Pavese)

Nichts Beharrlicheres lebt auf der Welt als ein Liebender.
(Properz)

Nichts ist schwer für den, der liebt.
(Cicero)

Nichts ist schwieriger, als eine Freundschaft, die bis zum letzten Tag andauert.
(Cicero)

Nichts ist trauriger als eine Frau, die sich aus anderen Gründen auszieht als für die Liebe.
(Juliette Gréco)

Nichts macht uns feiger und gewissenloser als der Wunsch, von allen Menschen geliebt zu werden.
(Marie von Ebner-Eschenbach)

Nichts fördert das Kreative mehr als die Liebe, vorausgesetzt, sie ist echt.
(Erich Fromm)

Nichts sein und nichts lieben, ist identisch.
(Ludwig Feuerbach)

Nie soll weiter sich ins Land Lieb' von Liebe wagen, als sich blühend in der Hand lässt die Rose tragen.
(Nikolaus Lenau)

Niemand, den man liebt, ist jemals tot.
(Ernest .Hemingway)

Niemand hat größere Liebe als die, dass er sein Leben lässt für seine Freunde.
(Johannes 15,13)

Niemand ist uns ein näherer Freund als wir uns selber sind.
(Dante Alighieri)

Nimm aus dem Leben der Menschen die Liebe, dann hast du der Welt ihre Sonne entrissen.
(Ambrosius)

Nun aber bleibt Glaube, Hoffnung, Liebe, diese drei; aber die Liebe ist die größte unter ihnen.
(Korinther 13,13)

Nur der ist etwas, der etwas liebt.
(Ludwig Feuerbach)

Nur der ist hoher Freundschaft fähig, der auch ohne sie fertig zu werden vermag.
(Ralph Waldo Emerson)

Nur durch die Liebe kann der Mensch von sich selbst befreit werden.
(Friedrich Hebbel)

Nur einmal blüht im Jahr der Mai; nur einmal im Leben die Liebe.
(Heinrich Seidel)

Nur was schön, ist lieb; was nicht schön, mangelt der Liebe.
(Friedrich Jacobs)

Nur Wasser kann eine Wüste verwandeln. Wasser ist Leben. Liebe ist lebendiges Wasser.
(Phil Bosmans)

Nur wer den Liebesfunken in sich zur hellen Flamme anfacht, der erwärmt, der erleuchtet.
(Moritz von Egidy)

Nur wer sich ändert, bleibt sich treu.
(Wolf Biermann)

Brich den Faden nicht der Freundschaft rasch entzwei! Wird er auch neu geknüpft, ein Knoten bleibt dabei.
(Friedrich Rückert)

O, eine sterbende Liebe ist schöner, als eine werdende.
(Georg Büchner)

O lieb, solang du lieben kannst. Lieb, solang du lieben magst.
(Ferdinand Freiligrath

Oh zarte Sehnsucht, süßes Hoffen, der ersten Liebe goldne Zeit! Das Auge sieht den Himmel offen, es schwelgt das Herz in Seligkeit. Oh dass sie ewig grünen bliebe, die schöne Zeit der jungen Liebe.
(Friedrich von Schiller)

O wie viel holder blüht die Schönheit doch, ist ihr der
Schmuck der Treue mitgegeben.
(William Shakespeare)

Offene Zurechtweisung ist besser als Liebe, die verborgen
bleibt.
(Sprüche 27,5)

Oft lässt man die Liebe, um den Ehrgeiz zu leben, selten
aber den Ehrgeiz um der Liebe willen.
(François de La Roche Foucauld)

Ohne Achtung gibt es keine wahre Liebe.
(Immanuel Kant)

Ohne Aufopferung lässt sich keine Freundschaft denken.
(Johann Wolfgang von Goethe)

Ohne Gefährten ist kein Glück erfreulich.
(Lucius Annaeus Seneca)

Ohne Glauben an ihre Dauer wäre die Liebe nichts, nur
Beständigkeit macht sie groß.
(Honore de Balzac)

Oh Lieb', wie bist du bitter, o Lieb', wie bist du süß.
(Scheffel)

Ohne Liebe ist das Leben die Hölle,
das ist die Unfähigkeit zu lieben.
(Fjodor Michailowitsch Dostojewskij)

Ohne Liebe kehrt kein Frühling wieder, ohne Liebe preist kein Wesen Gott.
(Friedrich von Schiller)

Omnia vincit Amor.
Alles besiegt Amor (der Gott der Liebe)
(Vergil)

Platonische Liebe kommt mir so vor wie ein ewiges Zielen und niemals losdrücken.
(Wilhelm Busch)

Positiv im Buch des Lebens steht verzeichnet nur das Lieben. Ob ein Minus oder Plus uns verblieben, zeigt der Schluß.
(Wilhelm Busch)

Raum ist in der kleinsten Hütte für ein glücklich liebend Paar.
(Friedrich von Schiller)

Reden ist einander lieben. *(aus Afrika)*

Reich sind nur die, die wahre Freunde haben.
(Thomas Fuller)

Reine Liebe vermag nicht nur alles, sondern sie ist alles.
(Jean Paul)

Richtig verheiratet ist der Mann erst dann, wenn er jedes Wort versteht, das seine Frau nicht gesagt hat.
(Alfred Hitchcock)

Romantik: Alle Romane, wo wahre Liebe vorkommt, sind Märchen - magische Begebenheiten.
(Novalis)

Schach ist wie die Liebe - allein macht es weniger Spaß.
(Stefan Zweig)

Säet Gerechtigkeit und säet nach dem Maß der Liebe. Pflüget ein Neues, solange es Zeit ist, den Herrn zu suchen, bis er kommt und Gerechtigkeit über euch regnen lässt!
(Hosea 10,12)

Schlage nur mit der Wünschelrute an die Felsen der Herzen an! Ein Schatz in jedem Busen ruht, den ein Verständiger heben kann.
(Friedrich Rückert

Schließe Freundschaft mit eines Menschen Güte, nicht mit seinem Geld.
(aus China)

Schließe Freundschaft, wenn du sie nicht brauchst.
(aus USA)

Schön ist eigentlich alles, was man mit Liebe betrachtet. Je mehr jemand die Welt liebt, desto schöner wird er sie finden.
(Christian Morgenstern)

Sei höflich zu allen, aber freundschaftlich mit wenigen; und diese wenigen sollen sich bewähren, ehe du ihnen Vertrauen schenkst.
(George Washington)

Schwer ist es, die rechte Mitte zu treffen: das Herz zu härten für das Leben, es weich zu halten für das Lieben.
(Jeremias Gotthelf)

Seit ich Ihnen begegnet bin, habe ich Sie mehr bewundert als irgendein Mädchen, dem ich begegnet bin, seit ich Ihnen begegnet bin.
(Oscar Wilde)

Selbst die durchsichtigste Seele birgt auch für den, der sie liebt, manche geheime Falte.
(André Gide)

Selbst die heftigsten Leidenschaften gönnen uns bisweilen ein wenig Erholung, nur die Eitelkeit erhält uns in rastloser Bewegung.
(François de la Rochefoucauld)

Sich kennen, will nicht heißen, alles voneinander zu wissen, sondern Lieben und Vertrauen zueinander haben und einer an den anderen zu glauben.
(Albert Schweitzer)

Sich um die Liebe zu betrügen ist der fürchterlichste Betrug; es ist ein ewiger Verlust, der sich nie ersetzen lässt, weder in der Zeit noch in der Ewigkeit.
(Sören Kierkegaard)

Sich voll und ganz hingeben zu können, ist der größte Luxus, den das Leben zu bieten hat. Die wirkliche Liebe beginnt erst an diesem Auflösungspunkt.
(Henry Miller)

Sich selbst zu lieben ist der Beginn einer lebenslangen Romanze.
(Oscar Wilde)

Sie liebten sich beide, doch keiner wollt es dem andern gestehn; sie sahen sich an so feindlich, und wollten vor Liebe vergehn.
(Heinrich Heine)

Sieh in der Welt dich um und lerne an anderer Weisheit; Aber im innersten Kern bleibe dir selber getreu.
(Heinrich Leuthold)

So sehr hat Gott die Welt geliebt, dass er seinen einzigen Sohn gab, damit jeder, der an ihn glaubt, nicht verloren gehe, sondern ewiges Leben habe.
(Johannes 3,16)

So viele kleine Dinge machen unsere Liebe groß.
(aus Ghana)

So wie das All, wie Gottes unerschöpfliche Geräumigkeit, schrankenlos, alles Möglichen voll, aller Geheimnisse voll, unfassbar ist der Mensch, den man liebt - nur die Liebe erträgt ihn so.
(Max Frisch)

Solange man bewundern und lieben kann, ist man immer jung.
(Paul Casals)

Sonne kann nicht ohne Schein, Mensch nicht ohne Liebe sein.
(Johann Wolfgang von Goethe)

So willst du treulos von mir scheiden, mit deinen holden Phantasien, mit deinen Schmerzen, deinen Freuden, mit allen unerbittlich fliehn?
(Friedrich von Schiller)

Stark wie der Tod ist die Liebe.
(Hoheslied Salomos 8,6)

Stets zu unterscheiden zwischen achtenswert und liebenswert ist ein Kennzeichen von Beschränktheit: Die großen Seelen lieben von Natur aus alles, was ihre Achtung verdient.
(Marquis de Vauvenargues)

Suche die Freundschaft desjenigen, der wenige Freunde hat. Meide die Freundschaft desjenigen, der wenig Feinde hat.
(Mohammed von Marokko)

Süße Liebe denkt in Tönen, denn Gedanken stehn zu fern.
(Ludwig Tieck)

Tiere sind so angenehme Freunde, sie stellen keine Fragen und üben keine Kritik.
(George Eliot)

Tod und Liebe! In diesen beiden allein lag die letzte Würde des Lebens.
(John Cowper Powys)

Trau keinem Freunde sonder Mängel, und lieb ein Mädchen, keinen Engel.
(Gotthold Ephraim Lessing)

Treue ist kein Gefühl, sondern eine Entscheidung.
(Anonymus)

Treue ist meist nur noch die zur Moral erstarrte Liebe von gestern.
(Hans Lohberger)

Treue Liebe bis zum Grab schwör ich dir mit Herz und Hand: Was ich bin und was ich habe, dank ich dir, mein Vaterland.
(Hofmann von Fallersleben)

Treuer gemeint sind Schläge vom Freunde als wohlfeile Küsse des Feindes.
(Sprüche Salomo 27,6)

Trifft Liebesnot auf Müßiggang, so verschlimmert sie sich.
(Gottfried von Straßburg)

Üb immer Treu und Redlichkeit bis an dein kühles Grab und weiche keinen Finger breit von Gottes Wegen ab.
(Ludwig Christoph Heinrich Hölty)

Über alles hat der Mensch Gewalt, nur nicht über sein Herz.
(Friedrich Hebbel)

Über die Liebe lächelt man so lange, bis sie einen selber erwischt.
(Eleonora Duse)

Überall lernt man nur von dem, was man liebt.
(Johann Wolfgang von Goethe)

Um einen Liebesbrief zu schreiben, musst du anfangen, ohne zu wissen, was du sagen willst, und endigen, ohne zu wissen, was du gesagt hast.
(Jean-Jacques Rousseau)

Um geliebt zu werden, sei liebenswürdig.
(Ovid

Und das ist sein Gebot, dass wir glauben an den Namen seines Sohnes Jesus Christus und lieben uns untereinander, wie er uns das Gebot gegeben hat.
(Johannes 3,23)

Und die Liebe per Distanz, kurz gesagt, missfällt mir ganz.
(Wilhelm Busch)

Und die Treue, sie ist doch kein leerer Wahn.
(Friedrich Schiller)

Und doch, welch Glück, geliebt zu werden, und lieben, Götter, welch ein Glück.
(Johann Wolfgang von Goethe)

Und fragst du mich, was mit der Liebe sei? So sag ich dir, ich kann mich nicht erinnern.
(Berthold Brecht)

Und was ist des Strebens wert, wenn es die Liebe nicht ist!
(Heinrich von Kleist)

Und wenn ich dich lieb habe, was geht's dich an?
(Johann Wolfgang von Goethe)

Und wenn im Leben nichts Heiliges bliebe, Ich will nicht verzagen, ich glaube an Liebe.
(Theodor Körner)

Ungöttlich ist Hass, und göttlich nur die Liebe.
(Friedrich von Bodenstedt)

Uneigennützige Freundschaft gibt es nur unter Leuten gleicher Einkommensklasse.
(Jean Paul Getty)

Unser Leben blühte reicher, säten wir mehr Liebe aus.
(Franz von Sales)

Unsere äußeren Schicksale interessieren die Menschen, die inneren nur den Freund.
(Heinrich von Kleist)

Unter Liebe versteh ich die Mischung von Verlangen, Zärtlichkeit und gegeseitigem Verstehen, die mich an ein bestimmtes Wesen bindet. Großmütig ist die Liebe zwischen zwei Menschen nur wenn sie zugleich vergänglich und einzigartig ist.
(Albert Camus)

Unsere Meinung, dass wir das andere kennen, ist das Ende der Liebe, jedesmal, aber Ursache und Wirkung liegen vielleicht anders, als wir anzunehmen versucht sind - nicht weil wir das andere kennen, geht unsere Liebe zu Ende, sondern umgekehrt: weil unsere Liebe zu Ende geht, weil ihre Kraft sich erschöpft hat, darum ist der Mensch fertig für uns.
(Max Frisch)

Verbreitet ist die Bezeichnung Freund, doch selten ist die Treue. *(Phaedrus)*

Verliebtheit ist eine psychische Angina.
(Jose Ortega y Gasset)

Verstand und Genie rufen Achtung und Hochschätzung hervor, Witz und Humor erwecken Liebe und Zuneigung.
(David Hume)

Vertraue keinem Freunde in der Not, du habest ihn denn erkannt in der Not.
(Jesus Sirach)

Vertrauen wird dadurch erschöpft, dass es in Anspruch genommen wird.
(Bertolt Brecht)

Verändere das Herz und auch das Tun wird sich ändern. Reiß die Begierlichkeit aus und pflanze die Liebe ein. Denn wie die Begierlichkeit die Wurzel aller Übel ist, so ist die Liebe die Wurzel aller Güter.
(Aurelius Augustinus)

Viele, die ihr ganzes Leben auf die Liebe verwendeten, können uns weniger über sie sagen als ein Kind, das gestern seinen Hund verlor.
(Thornton Wilder)

Viele Frauen wollen viel mehr lieben, aber sie haben so viel anderes zu tun.
(Anonymus)

Vertrauen ist Mut, und Treue ist Kraft.
(Marie von Ebner-Eschenbach)

Vielleicht muss man die Liebe gefühlt haben, um die Freundschaft richtig zu erkennen.
(Nicolas Chamfort)

Von allen Geschenken, die uns das Schicksal gewährt, gibt es kein größeres Gut als die Freundschaft - keinen größeren Reichtum, keine größere Freude.
(Epikur von Samos)

Vor allem müssen die Gesellschaftsformen, die der Liebe in Wege stehen, durch solche ersetzt werden, die sie fördern.
(Erich Fromm)

Vor allen Dingen aber habt untereinander eine anhaltende Liebe! Denn die Liebe bedeckt eine Menge von Sünden.
(Petrus 4,8)

Während das Glück dir lacht, wirst Freunde du zählen in Menge. Wenn sich der Himmel bewölkt, findest bald dich allein. *(Ovid)*

Wäre niemand mehr, der liebte, die Sonne würde erlöschen.
(Victor Hugo)

Wahre Freundschaft: eine sehr langsam wachsende Pflanze.
(George Washington)

Wahre Freundschaft ist so selten wie ein Haupttreffer in der Lotterie.
(Lebensweisheit)

Wahre Liebe kennt kein Maß.
(Properz)

Wahre Liebe verströmt sich auf das Objekt ihrer Zuneigung, ohne etwas zurückzuverlangen.
(Florence Scovel Shinn)

Wahrheitsliebe ist die seltenste aller amourösen Bindungen."
(Alfred Polgar)

Was auch als Wahrheit der Fabel
in tausend Büchern dir erscheint,
das alles ist ein Turm zu Babel,
wenn es die Liebe nicht vereint.
(Johann Wolfgang von Goethe)

Was aus Liebe getan wird, geschieht immer jenseits von Gut und Böse.
(Friedrich Nietzsche)

Was das Leben auch hienieden uns an Wonne bieten mag, Süßeres wird uns nicht beschieden als ein Liebesfrühlingstag.
(Julius Sturm)

Was du liebst, lass frei. Kommt es zurück, gehört es dir - für immer.
(Konfuzius)

Was hilft all das Kreuzigen und Segnen der Liebe, wenn sie nicht tätig wird.
(Johann Wolfgang von Goethe)

Was innerhalb des Zellenkomplexes Ichgefühl ist, das ist außerhalb Liebe.
(Walther Rathenau)

Was ist das Leben ohne Liebesglanz?
(Friedrich von Schiller)

Was ist es, sprich, was bei den Menschen „Liebe" heißt? O Kind, das Süßeste und Bitterste zugleich.
(Euripides)

Was ist Liebe? - Eine Hütte mit keinem Palast tauschen wollen, Untugenden und Fehler lächelnd übersehen, Hingabe ohne geringstes Zögern.
(Aus China)

Was ist Tugend ohne Liebe? Ein schmuckloses, lebloses Ding.
(Johann Geiler von Kaysersberg)

Was ist Wissen, das nicht von der Liebe ausgeht?
(Bettina von Arnim)

Was liebt, das betrübt; was Herzt, das schmerzt.
(Sprichwort)

Was man durch einen gleichgesinnten Freund erfährt, ist nahezu, als wenn man es selbst erfahren hätte
(Johann Wolfgang von Goethe)

Was man erfindet, tut man mit Liebe; was man gelernt hat, mit Sicherheit.
(Johann Wolfgang Goethe)

Was man liebt, findet man überall und sieht überall Ähnlichkeiten.
(Novalis)

Was man Zuneigung nennt, ist in Wirklichkeit nichts anderes als Sympathie der Gewohnheit.
(Adam Smith)

"Was tun Sie", wurde Herr K. gefragt, "wenn Sie einen Menschen lieben?"
"Ich mache einen Entwurf von ihm", sagte Herr K., "und sorge, dass er ihm ähnlich wird."
"Wer? Der Entwurf?"
"Nein", sagte Herr K., "der Mensch."
(Berthold Brecht)

Was vermag uns zu trösten in den menschlichen Beziehungen voller Fehler und Mühsal außer Treue und gegenseitige Zuneigung unter wirklich guten Freunden?
(Augustinus Aurelius)

Was wir auch in dieser Welt erlangen mögen, ist doch die Liebe das höchste Glück.
(Philipp Otto Runge)

Wem nie durch Liebe Leid geschah, dem wird auch Lieb' durch Lieb' nicht nah. Leid kommt wohl ohne Lieb' allein, Lieb' kann nicht ohne Leiden sein.
(Gottfried von Straßburg)

Weh dem, der sich nicht lieben lässt.
(Henry de Montherlant)

Weise sein und lieben vermag kein Mensch.
(William Shakespeare)

Weiß ich doch, wenn das Blut kocht, wie das Gemüt der Zunge freigiebig Schwüre leiht.
(William Shakespeare)

Wem der große Wurf gelungen, eines Freundes Freund zu sein, wer ein holdes Weib errungen, mische seinen Jubel ein.
(Friedrich von Schiller)

Wen auch immer ich liebe, ist der/die Schönste.
(Aus Georgien)

Wen Liebe nie zu weit getrieben, der trieb sie auch nie weit genug.
(Friedrich von Boedenstedt)

Wenn aber jemand dieser Welt Güter hat und sieht seinen Bruder darben und schließt sein Herz vor ihm zu, wie bleibt dann die Liebe Gottes in ihm? Meine Kinder, lasst uns nicht lieben mit Worten noch mit der Zunge, sondern mit der Tat und mit der Wahrheit.
(Johannes 3,17-18)

Wenn die Zufriedenheit und die Sicherheit eines anderen für mich ebenso bedeutsam wird wie meine eigene Zufriedenheit oder Sicherheit, dann ist dies der Zustand der Liebe. *(Harry Stack Sullivan)*

Wenn alle untreu werden, so bleib ich dir doch treu.
(Novalis)

Wenn auf der Erde die Liebe herrschte, wären alle Gesetze
entbehrlich.
(Aristoteles)

Wenn das Blut einmal von Liebe schwillt,
reißt es gar leicht der Ehrfurcht Grenzen nieder.
(Johann Wolfgang von Goethe)

Wenn die Armut durch die Türe kommt geschlichen in das
haus, stürzt auch schon die falsche Freundschaft aus dem
Fenster aich heraus.
(Wilhelm Müller)

Wenn die Eifersucht die Liebe überlebt, so überlebt die
Eigenliebe sie gleichfalls.
(Théodore Jouffroy)

Wenn die Liebe dir winkt, folge ihr, sind ihre Wege auch
schwer und steil. Und wenn ihre Flügel dich umhüllen, gib
dich ihr hin, auch wenn das unterm Gefieder versteckte
Schwert dich verwunden kann. Und wenn sie zu dir spricht,
glaube an sie, auch wenn ihre Stimme deine Träume
zerschmettern kann wie der Nordwind den Garten
verwüstet.
(Khalil Gibran)

Wenn dirs in Kopf und Herzen schwirrt, was willst du
Bessres haben!/ Wer nicht mehr liebt und nicht mehr irrt, der
lasse sich begraben.
(Johann Wolfgang von Goethe)

Wenn die Macht der Liebe die Liebe zur Macht überwindet, erst dann wird es Frieden geben.
(Jimi Hendrix)

Wenn du damit beginnst, dich denen aufzuopfern, die du liebst, wirst du damit enden, die zu hassen, denen du dich aufgeopfert hast.
(George Bernard Shaw)

Wenn du ihre Zuneigung verdient hast, wird eine Katze dein Freund sein, aber niemals dein Sklave.
(Théophile Gautier)

Wenn einem die Treue Spaß macht, dann ist es Liebe.
(Julie Andrews)

Wenn es dir möglich ist, mit nur einem kleinen Funken die Liebe in der Welt zu bereichern, dann hast du nicht umsonst gelebt.
(Jack London)

Wenn ich dein bin, bin ich erst ganz mein.
(Michelangelo)

Wenn Liebe in Freundschaft übergeht, kann sie nicht sehr groß gewesen sein.
(Katharine Hepburn)

Wenn man die Natur wahrhaft liebt, so findet man es überall schön.
(Vincent van Gogh)

Das „Hohelied der Liebe":
Wenn ich mit Menschen- und mit Engelzungen redete, und hätte der Liebe nicht, so wäre ich ein tönend Erz oder eine klingende Schelle.
Und wenn ich weissagen könnte und wüsste alle Geheimnisse und alle Erkenntnis und hätte allen Glauben, also daß ich berge versetzte, und hätte der Liebe nicht, so wäre ich nichts.
Und wenn ich alle meine Habe den Armen gäbe und ließe meinen Leib brennen und hätte der Liebe nicht, so wäre mir's nichts nütze.
Die Liebe ist langmütig und freundliche, die Liebe eifert nicht, die Liebe treibt nicht Mutwillen, sie blähet sich nicht.
Sie stellet sich nicht ungebärdig, sie suchet nicht das Ihre, sie lässt sich nicht erbittern, sie rechnet das Böse nicht zu.
Sie freuet sich nicht der Ungerechtigkeit, sie freut sich aber der Wahrheit.
Sie erträgt alles, sie glaubet alles, sie hoffet alles, sie duldet alles.
Die Liebe höret nimmer auf, so doch die Weissagungen aufhören werden und die Sprachen aufhören werden und die Erkenntnis aufhören wird.
(Korinther 13,1)

Wenn Leute sich lieben, dann bleiben sie jung füreinander.
(Paul Ernst)

Wenn man eine Frau liebt, so fragt man sich: Was will ich von ihr? Aber wieviel Vorsicht ist nötig, um nicht zu lügen?
(Henri Stendhal)

Wenn man jemandem alles verziehen hat, ist man mit ihm fertig. *(Sigmund Freud)*

Wenn man Liebe nicht bedingungslos geben und nehmen kann, ist es keine Liebe, sondern ein Handel.
(Emma Goldman)

Wenn man liebt, dann gedenkt man der Kränkung nicht lange.
(Fjodor Dostojewski)

Wenn man nicht hat, was man liebt, muss man lieben, was man hat.
(aus Frankreich)

Wenn man nicht unbedingt lieben darf, sieht es mit der Liebe schon misslich aus.
(Johann Wolfgang von Goethe)

Wenn man verliebt ist, betrügt man anfangs sich selbst. Und man endet damit, andere zu betrügen.
(Oscar Wilde)

Wenn sie mich an sich lockte, war Rede nicht im Brauch, und wie die Zunge stockte, so stockt die Feder auch.
(Johann Wolfgang von Goethe)

Wenn wir lernen wollen zu lieben, müssen wir genauso vorgehen, wie wenn wir irgendeine andere Kunst, zum Beispiel Musik, Malerei, das Tischlerhandwerk oder die Kunst der Medizin oder die Technik lernen wollten.
(Erich Fromm)

Wenn zwei gute Freunde sind, die einander kennen, Sonn' und Mond begegnen sich, ehe sie sich trennen.
(Clemens Brentano)

Wer an die Freiheit des menschlichen Willens glaubt, hat nie geliebt und nie gehasst.
(Marie von Ebner-Eschenbach)

Wer auf Liebespfaden wandelt, für den sind zwei Meilen nicht länger als eine.
(Aus Japan)

Wer der Gerechtigkeit nachjagt, den hat Gott lieb.
(Sprüche Salomo 15,9)

Wer der Liebe ganz entsagt, ist nicht weniger krank als der, der ihrer allzu sehr begehrt.
(Euripides)

Wer die Freundschaft aus dem Leben verbannt, entfernt aus der Welt die Sonne.
(Cicero)

Wer für seine Lieb' nicht sterben kann, ist keines Kusses wert.
(Körner)

Wer Gott recht liebt, darf nicht verlangen, dass Gott ihn wiederliebe.
(Baruch Spinoza)

Wer ihn nicht braucht, dem wird ein Freund nicht fehlen. Und wer in Not versucht den falschen Freund, verwandelt ihn sogleich in einen Feind.
(William Shakespeare)

Wer in sich selbst verliebt ist, hat wenigstens bei seiner Liebe den Vorteil, dass er nicht viele Nebenbuhler erhalten wird.
(Georg Christoph Lichtenberg)

Wer im Kleinsten treu ist, der ist auch im Großen treu.
(Lukas 16,10)

Wer in der Wüste schmachtet, der lernt den Wert des
Tropfens erkennen, der dem Dürstenden das Leben rettet.
Und auf wem das Gewicht des Leides und der Sorge
lastete, ohne dass eine Hand sich helfend ihm
entgegenstreckte, der weiß, wie köstlich die Liebe ist, nach
der er sich vergebens sehnte.
(Karl May)

Wer jedes Menschen Freund sein will, ist niemands Freund.
(Gottlieb Konrad Pfeffel)

Wer Liebe sucht, deckt Fehler zu.
(Sprüche Salomo 17,9)

Wer liebt, der muss wissen, dass er auch leiden kann;
wer nicht liebt, der leidet bereits.
(Aus Russland)

Wer liebt, der weiß, was er der Liebe schuldig. Wer ihren
Schmerz und ihre Wonne kennt, dem ist die fremde wie die
eigene heilig.
(Ernst Christoph Freiherr von Houwald)

Wer liebt, gibt niemals jemanden auf. In jeder Lage vertraut
und hofft er für ihn. Alles nimmt er geduldig auf sich. *(1.Brief
an die Korinther 13,7)*

Wer mit den Menschen auskommen will, darf nicht zu genau
hinsehen.
(Otto Flake)

Wer liebt, lernt wissen, das Wissen lehrt Liebe.
(Bettina von Arnim)

Wer liebt und geliebt wird, hat die Sonne von beiden Seiten.
(P.Bosmans)

Wer nicht liebt, der kennt Gott nicht; denn Gott ist die Liebe.
(Johannes 4, 8)

Wer nicht mehr liebt und nicht mehr irrt, der lasse sich begraben.
(Johann Wolfgang von Goethe)

Wer nie im Zorne glühte, kennt auch die Liebe nicht.
(E.M. Arndt)

Wer sich mit Liebe wappnet, überwindet Zorn, Elend, Übermacht und Missgeschick.
(Michelangelo Buonarotti)

Wer sich selber hasst, den haben wir zu fürchten, denn wir werden die Opfer seines Grolls und seiner Rache sein. Sehen wir also zu, wie wir ihn zur Liebe zu sich selbst verführen!
(Friedrich Nietzsche)

Wer sich selbst nicht auf die rechte Art liebt, kann auch andere nicht lieben. Denn die rechte Liebe zu sich ist auch das natürliche Gutsein zu anderen. Selbstliebe ist also nicht Ichsucht, sondern Gutsein.
(Robert Musil)

Wer sich selbst treu bleiben will, kann nicht immer anderen treu bleiben.
(Christian Morgenstern)

Wer so tut, als bringe er die Menschen zum Nachdenken, den lieben sie. Wer sie wirklich zum Nachdenken bringt, den hassen sie.
(Aldous Huxley)

Wer stark und wer kaum mehr liebt, ist gleich schwer zu befriedigen.
(François de La Roche Foucauld)

Wer treu ist, kennt nur die triviale Seite der Liebe. Nur die Treulosen kennen ihre Tragödien. (Oscar Wilde)
Wer von reiner Lieb entbrannt, wird vom Lieben Gott erkannt.
(Johann Wolfgang von Goethe)

Wer will vergnüglich alten, soll mit niemand Feindschaft, mit jedermann Freundschaft, mit wenigen Gemeinschaft, mit vielen Kundschaft halten und lassen Gott dann walten.
(Georg Rodolf Weckherlin)

Wie der stille See seinen dunklen Grund in der tiefen Quelle hat, so hat die Liebe eines Menschen ihren rätselhaften Grund in Gottes Licht.
(Søren Kierkegaard)

Wie kann man einen Menschen beweinen, der gestorben ist? Diejenigen sind zu beklagen, die ihn geliebt und verloren haben.
(Helmuth von Moltke)

Wie gern nährt sich doch eine tollgewordene Liebe mit Hirngespinsten.
(Jean-Jacques Rousseau)

Wie Knaben aus der Schul, eilt Liebe hin zum Lieben; wie Knaben an ihr Buch wird sie hinweggetrieben.
(William Shakespeare)

Wie könnte ich an deiner Liebe zweifeln, da ich der meinigen mir so innig bewusst bin!
(Franz Grillparzer)

Wie schön ist deine Liebe, meine Schwester, liebe Braut! Deine Liebe ist lieblicher als Wein, und der Geruch deiner Salben übertrifft alle Gewürze.
(Hoheslied 4,10)

Wie selten auch wahre Liebe ist, so ist wahre Freundschaft doch noch seltener.
(François de La Roche Foucauld)

Wie zart empfindend man auch in der Liebe sei, so verzeiht man bei ihr doch leichter Fehler als bei der Freundschaft.
(Jean de la Bruyere)

Wieviel Muscheln am Strand, soviel Schmerzen bietet die Liebe. *(Ovid)*

Wir kennen die Liebe zwischen Vater und Sohn, zwischen Bruder und Schwester, Freund und Freund.
Doch wir müssen lernen, diese Liebe allem Lebenden entgegenzubringen, darin besteht unser Wissen von Gott.
(Mahatma Gandhi)

Wir haben geglaubt, das Band, das bei uns die Ehegatten aneinander bindet, fester zu knüpfen, indem wir jede Möglichkeit, es zu lösen, beseitigten; aber in demselben Maße, wie der Zwang sich gesteigert hat, hat sich die freiwillige Bindung durch die Zuneigung gelockert.
(Michel de Montaigne)

Willst du geliebt sein, so liebe.
(Seneca)

Wir haben, wo wir lieben, ja nur dies: einander lassen, denn dass wir uns halten, das fällt uns leicht und ist nicht erst zu lernen.
(Rainer Maria Rilke)

Wir können aus Vorsatz weder lieben noch hassen, wohl aber mit Vorsatz.
(Friedrich Heinrich Jacobi)

Wir können keine großen Dinge vollbringen – nur kleine, aber die mit großer Liebe.
(Mutter Teresa)

Wir lieben immer die Menschen, die uns bewundern, aber nicht die, die wir bewundern.
(François de la Roche Foucauld)

Wir lieben nur einmal wahrhaft: das erstemal; später lieben wir nicht mehr so willenlos.
(Jean de la Bruyere)

Wir werden von dem geformt und gebildet, was wir lieben.
(Johann Wolfgang von Goethe)

Wir sind Engel mit nur einem Flügel. Um fliegen zu können, müssen wir uns umarmen.
(Luciano de Creszenzo)

Wir sind sterblich, wo wir lieblos sind, unsterblich, wo wir lieben. *(Karl Jaspers)*

Wir sollten die Liebe, die wir den Toten mit ins Grab geben, nicht den Lebenden entziehen.
(Wilhelm Raabe)

Wir wissen aber, dass denen, die Gott lieben, alle Dinge zum Besten dienen, denen, die nach dem Vorsatz berufen sind.
(Römer 8,28)

Wir wissen immer nur, wie eine Frau uns liebt, aber wir erfahren nie, wie sie einen anderen lieben könnte.
(Arthur Schnitzler)

Wirklich gute Freunde sind Menschen, die uns ganz genau kennen, und trotzdem zu uns halten.
(Marie von Ebner-Eschenbach)

Wo die Esse raucht, fehlt es nicht an Freunden. *(Sprichwort)*
Wo die Liebe hinfällt, ist sie bald hinfällig.
(aus der Schweiz)

Wo keine Liebe, ist auch keine Wahrheit. Und nur der ist etwas, der etwas liebt. Nichts sein und nichts lieben ist identisch.
(Ludwig Feuerbach)

Wo das Leid ist, da kommt leicht auch die Liebe und der Glaube.
(Peter Rosegger)

Wo Liebe ist, wird das Unmögliche möglich.
(aus China)

Wo Liebe kommt ins Haus, da zieht die Klugheit aus.
(Friedrich von Logau)

Wo Liebe wächst, gedeiht Leben - wo Hass aufkommt, droht Untergang.
(Mahatma Gandhi)

Wohl bringt die Liebe uns zuletzt auch Leid, doch all die bitt'ren Tränen, die ich weine, sind durch den ersten Kuss voraus bezahlt.
(Christian Friedrich Hebbel)

Wohl mag es Liebe auf den ersten Blick geben, nicht aber Freundschaft.
(Ernst Zacharias)

Wozu hätten wir Freunde nötig, wenn wir sie nicht nötig hätten?
(William Shakespeare)

Wüsste ich nicht, dass die Treue so alt ist wie die Welt, so würde ich glauben, ein Deutsches Herz habe sie erfunden.
(Heinrich Heine)

Zank ist der Rauch der Liebe.
(Ludwig Börne)

Zu jeder Zeit liebt der wahre Freund; in der Not wird er als Bruder geboren.
(Sprüche Salomo 17,17)

Zu lieben ist Segen, geliebt zu werden Glück.
(Leo Tolstoi)

Zu lieben oder geliebt zu haben genügt. Danach verlangt nichts mehr! In den geheimnisvollen Wendungen des Lebens ist keine weitere Perle mehr zu finden.
(Victor Hugo)

Zukunft: jene Zeit, in der unsere Geschäfte gut gehen, unsere Freunde treu sind und unser Glück gesichert ist.
(Ambrose Bierce)

Zum Hassen oder Lieben ist alle Welt getrieben;
Es bleibet keine Wahl, der Teufel ist neutral.
(Clemens Brentano)

Zuneigung ist in Wirklichkeit nichts anderes als Sympathie der Gewohnheit.
(Adam Smith)

Zuneigung zu empfangen, ist eine machtvolle Glücksquelle, der Mensch aber, der sie fordert, wird sie nicht erlangen.
(Bertrand Russell)

Zweifle an der Sonne Klarheit, zweifle an der Sterne Licht; zweifl' ob lügen kann die Wahrheit, nur an meiner Liebe nicht.
(William Shakespeare)

Zwei Dinge bedeuten mir Leben: die Freiheit und die Frau, die ich liebe. *(Voltaire)*

Zwischen Freundschaft und Liebe ist der Unterschied, dass die Freundschaft an alles denkt, die Liebe aber uns alles vergessen lässt.
(Lebensphilosophie)

Zürnet dein Freund mit dir, so verschaff ihm eine Gelegenheit, dir einen großen Gefallen zu erweisen. Darüber muß sein Herz zerfließen, und er wird dich wieder lieben.
(Jean Paul)

Namen und biographische Daten:

Adam Smith (1723 - 1790), schottischer Philosoph und Ökonom
Adelbert von Chamisso (1781 – 1831), deutscher Dichter und Forscher franz.
Herkunft,
Adolph Frhr. Knigge (1752 - 1796), deutscher Schriftsteller, Aufklärer,
Alain (Émile Chartier; 1868–1951), franz. Philosoph, Schriftsteller,
Albert Camus (1913 - 1960), franz. Schriftsteller,
Albert Einstein (179 - 1955), Physiker und Nobelpreisträger,
Albert Möser (1835 - 1900), deutscher Gymnasialprofessor,
Albert Schweitzer (1875 - 1965), Arzt, Theologe, Philosoph, Organist,
Aldous Huxley (1894 - 1963), britischer Schriftsteller,
Alfred Comte de Vigny (1797 - 1863), franz. Dichter,
Alfred Hitchcock (1899 - 1980), brit. Filmregisseur und Produzent,
Alfred Polgar (1873 – 1955), österr. Schriftsteller, Kritiker, Übersetzer,
Ambrose Bierce (1842 – 1914), amerik. Schriftsteller und Journalist,
Ambrosius von Mailand (339 - 397), röm. Politiker, Bischof, Kirchenlehrer,
Anatole France (1844 - 1924), franz. Schriftsteller, Literaturnobelpreis
André Gide (1869 - 1951), franz. Schriftsteller, Literaturnobelpreis
Angelus Silesius (1624 - 1677), deutscher Theologe, Lyriker, schlesischer
Bote/Engel, Johannes Scheffler,
Anselm Feuerbach (1804 - 1872), deutscher Philosoph,
Antoine Bret (1717 - 1792), französischer Schriftsteller,Dramatiker,
Antoine de Saint Exupèry (1900 - 1944), franz. Schriftsteller, Pilot,
Anton Hansen Tammsaare (1878 - 1940), estnischer Schriftsteller,
Anton Tschechow (1860 - 1904), russ. Schriftsteller, Dramatiker
Aristoteles (384 – 322 v.Chr.), griechischer Phiosoph,
Arthur Schopenhauer (1788 – 1868), Philosoph, Autor, Professor
Astrid Lindgren(1907 – 2002), schwedische Schriftstellerin,
August Mahlmann (1771 - 1826), deutscher Zeitungsherausgeber
August von Kotzebue (1761 - 1819), deutscher Dramatiker, Schriftsteller,
russ.Generalkonsul
Aurelius Augustinus (354 - 430), römischer Theologe und Philosoph,
Baruch Spinoza (1632 - 1677), niederl. Philosoph
Benjamin Disraeli (1804 - 1881), brit. Romanautor, Premierminister
Benjamin Franklin (1706 - 1790), amerikanischer Drucker, Schriftsteller, Verleger,
Staatsmann, Naturwissenschaftler, Erfinder
Berthold Brecht (1898 - 1956), deutscher Schriftsteller, Dramatiker
Bertrand Russell, (1872 - 1970), britischer Philosoph, Mathematiker
Bettina von Arnim (1785 - 1859), deutsche Schriftstellerin,
Blaise Pascal (1623 – 1662),franz. Mathematiker, Physiker, Philosoph
Boccaccio (1313 - 1375), Schriftsteller, Dichter, Demokrat, Humanist
Carl Hilty (1833 – 1909), schweizer Staatsrechtler, Laientheologe
Carl Leberecht Immermann (1796 – 1840), Schriftsteller, Dramatiker
Carl Spitteler (1845 – 1924), schweizer. Schriftsteller, Dichter, Essayist und
Kritiker, Literaturnobelpreisträger

Carmen Sylva (1843 – 1916), Prinzessin Elisabeth Pauline Ottilie Luise zu Wied,
Königin von Rumänien, Autorin unter Pseudonym
Cesare Pavese (1908 – 1950), italienischer Schriftsteller,
Charles Darwin (1809 – 1882), britischer Naturforscher
Charles Dickens (1812 – 1870),englischer Schriftsteller,
Charles Peguy (1873 – 1914), franz. Schriftsteller
Christian Fürchtegott Gellert (1715 - 1769), Schriftsteller, Dichter, Philosoph
Christian Morgenstern (1871 – 1914), Dichter, Autor, Übersetzer
Clemens Brentano (1778 -1842), deutscher Schriftsteller, Romantiker
Coco Chanel (1883 – 1971), franz. Modedesignerin
Curt Goetz (1888 – 1960), dt.-schweizer. Autor, Schauspieler
Daniel Dafoe (1660 - 1731), englischer Schriftsteller
Dante Alighieri (1265 - 1321), Italienischer Dichter und Philosoph
Daphné du Maurier (1907 - 1989), britische Schriftstellerin
David Hume (1711 - 1776), schott. Ökonom, Philosoph, Historiker
Detlev von Liliencron (1844 - 1909), deutscher Dichter
Eartha Kitt (1927 – 2008), merikanische Sängerin und Schauspielerin
Eckhart v. Hochheim (1260 - 1328), mittelalterl. Theologe, Philosoph
Edward Dorer (1807 - 1864), schweizer. Politiker, Richter, Autor
Elbert Hubbard (1856 – 1915), amerik. Autor, Essayist, Philosoph,
Eleonora Duse (1858 - 1924), Italienische Schauspielerin
Elfriede Hablè (1934) , österreichische Aphoristikerin
Elias Canetti (1905 - 1994), Schriftsteller, Aphoristiker, Literaturnobelpreis
Elizabeth Taylor (1932 – 2011), amerikanische Schauspielerin
Emanuel Geibel (1815 – 1884), deutscher Dichter,
Emanuel Schikaneder (1751 - 1812), österreichischer Schauspieler, Sänger,
Dichter, Regisseur, Theaterdirektor
Ennius (239 – 169 v.Chr.), römischer Schriftsteller
Epikur von Samos (341 – 270 v.Chr.), griech. Phiosoph
Erich Fried (1921 - 1988), österreichischer Lyriker, Übersetzer,
Erich Fromm (1900 – 1980), Psychoanalytiker, Philosoph, Psychologe
Erich Kästner (1899 – 1974), deutscher Schriftsteller,Drehbuchautor
Ernst Christoph Freiherr von Houwald (1778 - 1845), deutscher Dichter,
Dramatiker, Schriftsteller, Landessyndikus
Ernst Moritz Arndt (1769 - 1860), Autor, Lyriker, Demokrat, Patriot
Ernst von Feuchtersleben (1806 - 1849), Philosoph, Arzt, Lyriker,
Ernst Zacharias (1924), deutscher Musiker und Ingenieur
Euripides (480 – 406 v.Chr.), griechischer Tragödiendichter
Ezra Pound (1885 – 1972), amerikanischer Dichter
Ferdinand Freiligrath, (1810 – 1876), deutscher Dichter, Übersetzer
Fjodor Dostojewski, (1821 - 1881), russ. Schriftsteller
Florence Scovel Shinn (1871 – 1940), amerik. Künstlerin, Illustratorin
Francois de la Rochefoucauld, (1613 - 1680), franz. Adliger, Offizier,
Françoise Sagan (1935 – 2004), franz. Schrifstellerin
Franz Grillparzer (1791 – 1872), österr. Schriftsteller, Dramatiker
Franz Kafka (1883 – 1924), österreichischer Schriftsteller,

Franz von Baader (1765 – 1841), Arzt, Bergbauingenieur, Philosoph
Franz von Sales (1567 – 1622), Fürstbischof v. Genf, Ordensgründer,
Friedrich Fröbel (1782 - 1852), deutscher Pädagoge
Friedrich Halm (1806 – 1871), österreichischer Dichter, Novellist
Friedrich Hebbel (1813 – 1863), deutscher Dramatiker und Lyriker
Friedrich Heinrich Jacobi (1743 - 1819), Philosoph, Jurist, Kaufmann,
Friedrich Hölderlin (1770 – 1843), deutscher Lyriker
Friedrich Jacobs (1764 – 1847), dt. Philologe, Numismatiker, Autor
Friedrich Nietzsche (1844 - 1900), Philosoph, Dichter, Philologe,
Friedrich Rückert (1788 – 1866), deutscher Dichter und Übersetzer, einer der
Begründer der deutschern Orientalistik
Friedrich Schleiermacher (1768 – 1834), deutscher (protestant.) Theologe,
Philosoph, Pädagoge, Publizist, Kirchenpolitiker
Friedrich von Boedenstedt (1819 – 1892), deutscher Schriftsteller
Friedrich von Logau (1605 – 1655), deutscher Dichter
Friedrich von Schiller (1759 – 1805), dt. Dichter, Philosoph, Historiker
Gabriel Garcia-Márquez(1927), kolumbian. Schriftsteller, Literaturnobelpreis
Georg Büchner (1813 – 1837), dt. Schriftsteller, Naturwissenschaftler,
Georg Christoph Lichtenberg (1742 – 1799), deutscher Mathematiker, Physiker,
Schriftsteller, Aphoristiker
Georg Rodolf Weckherlin (1584 – 1653), deutscher Lyriker
Georg Wilhelm Friedrich Hegel (1770 – 1831), deutscher Philosoph
George Bernard Shaw (1856 - 1950), irisch –britischer Dramatiker, Politiker,
Satiriker, Musikkritiker, Oscar + Literaturnobelpreis
George Bizet (1838 - 1875), französischer Komponist
George Courtekine (1858 – 1929), französischer Romancier und Dramaturg
George Sand (1804 - 1876), franz. Schriftstellerin
George Washington (1732 - 1799), Oberbefehlshaber der Kontinentalarmee, einer
der Gründerr und erster Präsident der Vereinigten Staaten von Amerika
Gerhard Branstner (1927 - 2008), deutscher Schriftsteller
Gerhart Hauptmann (1862 - 1946), deutscher Schriftsteller
Germaine de Stael (1766 - 1817), franz. Schriftstellerin, Baronin Anne Louise
Germaine de Staël-Holstein,
Giacomo Casanova (1725 – 1798), venezianischer Schriftsteller, Abenteurer Gino
Cervi (1901 - 1974), italienischer Filmschauspieler
Gottfried August Bürger (1747 – 1794), deutscher Dichter
Gottfried von Straßburg (bis 1215), deutscher Dichter d. Mittelalters
Gotthold Ephraim Lessing (1729 - 1781), dt. Dichter, Dramatiker
Gottlieb Konrad Pfeffel (1736 - 1809), dt. Autor, Wissenschaftler
Guy de Maupassant (1850 - 1893), franz. Schriftsteller, Journalist
Hans Lohberger (1920 - 1979), österreichischer Schriftsteller
Hans Söhnker (1903 - 1981), deutscher Schauspieler
Heinrich Heine (1797 – 1856), dt. Schriftsteller, Dichter und Journalist
Heinrich Leuthold (1827 – 1879), schweizerischer Lyriker
Heinrich Mann (1871 - 1951), deutscher Schriftsteller
Heinrich Seidel (1842 – 1906), deutscher Ingenieur, Schriftsteller

Heinrich von Kleist (1777 - 1811), Dramatiker, Erzähler, Publizist
Heinz Rühmann (1902 - 1994), deutscher Schauspieler
Helen Vita (1928 – 2001), schweizer. Schauspielerin, Kabarettistin
Helmut von Moltke (1800 - 1891), preußischer Generalfeldmarschall
Henri Duvernois (1875 - 1937), französischer Schriftsteller
Henri Stendhal (1783 - 1842), französischer Schriftsteller
Henry James, (1843 - 1916), amerikanischer Erzähler
Henry de Montherlant (1895 - 1972), franz. Schriftsteller, Essayist
Henry Miller (1891 – 1980), amerikanischer Schriftsteller und Maler
Hermann Hesse (1877 – 1962), Pseudonym: Emil Sinclair,
deutsch-schweizerischer Dichter, Schriftsteller, Freizeitmaler
Hermann Wilhelm Franz Ueltzen (1759 – 1808), deutscher Dichter
Hofmann von Fallersleben (1798 - 1874), deutscher Dichter
Honore de Balzac (1799 - 1850), französischer Schriftsteller
Horaz (65 – 8 v.Chr.), römischer Dichter
Horst Wolfram Geissler (1893 - 1983), deutscher Schriftsteller
Hugo von Hofmannsthal (1874 – 1929), österreichischer Dichter
Immanuel Kant (1724 - 1804), deutscher Philosoph
Jack London (1876 - 1916), amerikanischer Schriftsteller , Journalist
Jacques Bénigne Bossuet (1624 - 1704), franz. Bischof,Schriftsteller
James Dewar (1842 - 1923), schottischer Naturwissenschaftler
James Gardner (1930), spanischer Drehbuchautor und Regisseurs
Jean Anouilh (1910 - 1987), französischer Autor
Jean de la Bruyere (1645 - 1696), französischer Schriftsteller
Jean de Lingendes (1580 - 1616), französischer Poet
Jean-Jacques Rousseau (1717 - 1778), Genfer Schriftsteller, Philosoph,
Pädagoge und Naturforscher
Jean Paul (1763 - 1825), deutscher Schriftsteller
Jeanne Moreau (1928),französische Filmschauspielerin
Jeremias Gotthelf (1797 - 1854), schweizerischer Schriftsteller
Jesus Sirach (ca.200 v.Chr.), biblischer Weisheitslehre
Jimi Hendrix (1942 - 1970), amerikanischer Musiker
Joachim Ringelnatz (1883 – 1934), Schriftsteller, Kabarettist, Maler
Johann.Caspar Lavater (1741 - 1801), schweizer. reformierter Pfarrer, Philosoph
und Schriftsteller
Johann Geiler von Kaysersberg (1445 - 1510), dt. Prediger im MA
Johann Georg Hamann (1730 - 1788), deut. Philosoph, Schriftsteller
Johann Gottlieb Fichte (1762 - 1814), deutscher Philosoph
Johann Heinrich Pestalozzi (1746 - 1827), schweizer Pädagoge, Philosoph,
Politiker, Sozialreformer
Johann Nepomuk Nestroy (1801 – 1862), östrerreichischer Schauspieler,
Dramatiker, Sänger, Satiriker
Johann Peter Eckermann (1792 - 1854), deutscher Dichter
Johann Wolfgang von Goethe (1749 - 1832), deutscher Dichter
Johannes Manlius (gest. ca. 1605), slowen. Wanderbuchdrucker
Johannes vom Kreuz (1542 - 1591), span. Karmelit, Dichter, Mystiker

John Dryden (1631 - 1700), englischer Dichter, Dramatiker, Kritiker
John Ruskin (1819 – 1900), engl. Sozialphilosoph, Maler, Kunsthistoriker
John Steinbeck (1902 – 1968), amerik. Journalist, Autor, Nobelpreis
Jose Ortega y Gasset (1883 - 1955), span. Philosoph, Soziologe,
Joseph de Maistre (1753 – 1821), Staatsmann, Autor, Philosoph
Joseph Joubert (1754 – 1824), französischer Moralist und Essayist
Joseph Victor von Scheffel (1826 - 1886), deutscher Autor, Dichter
Josephine Baker (1906 – 1975), amerik. Sängerin, Schauspielerin
Joyce Brothers (1927), amerikanische Psychologin
Julie Andrews (1955), britische Schauspielerin, Autorin, Sängerin
Juliette Greco (1927), französische Sängerin, Schauspielerin
Julius Sturm (1816 - 1896), deutscher Pfarrer und Dichter
Karl Jaspers (1883 - 1969), deutscher Psychiater und Philosoph
Karl Kraus (1874 – 1936), österr. Schriftsteller, Publizist, Satiriker,
Karl May (1842 – 1912), deutscher Autor und Schriftsteller
Katharina von Siena (1347 – 1380), ital. Mystikerin, Kirchenlehrerin
Katharine Hepburn (1907 – 2003), amerikan. Schauspielerin, Oscar
Khalil Gibran (1883 – 1931),libanes.-am. Philosoph, Maler, Dichter
Konfuzius (551 - 479), chinesischer Philosoph
Kurt Tucholsky (1890 – 1935), deutscher Journalist, Schriftsteller
Laotse (6.Jh v.Chr.), chinesischer Philosoph
Leo Tolstoi (1828 – 1910), russischer Schriftsteller
Leonardo da Vinci (1452 - 1519), ital. Künstler, Ingenieur, Philosoph
Leopold Jacoby (1840 - 1895), deutscher Lyriker
Lord Byron (1788 - 1824), englischer Dichter
Lotte Ingrisch (1930), österreichische Schriftstellerin
Luc de Clapier (1715 - 1747), Marquis de Vauvenargues, französischer Philosoph,
Moralist und Schriftsteller
Luciano de Crescenzo (1928), italien. Ingenieur, Schriftsteller, Regisseur
Ludwig Börne (1786 – 1837), deutscher Journalist, Kritiker
Ludwig Feuerbach (1804 – 1872), deutscher Philosoph
Ludwig Kalisch (1814 – 1882), deutscher Schriftsteller
Ludwig Tieck (1773 - 1853), deutscher Dichter, Dramatiker, Kritiker
Ludwig Uhland (1787 - 1862), deutscher Dichter, Jurist, Politiker
Madeleine de Scudéry (1607 – 1701), französische Schriftstellerin
Mahatma Gandhi (1869 - 1948), indischer Rechtsanwalt,
Anführer der ind. Freiheitsbewegung
Marcello Mastroianni (1924 - 1996), italienischer Schauspieler
Marie von Ebner-Eschenbach (1830 - 1916), österr. Schriftstellerin, Marion Zimmer
Bradley (1930 - 1999), amerikanische Schriftstellerin
Marcus Tullius Cicero (106 – 43 v.Chr.),röm. Anwalt, Philosoph, Politiker
Mark Twain (1835 - 1910), amerikanischer Schriftsteller
Marlene Dietrich (1901 – 1992), deutsche Sängerin, Schauspielerin
Martin Luther (1483 - 1546), dt. Theologieprofessor, Reformator
Matthias Claudius (1740 - 1815), Pseudonym Asmus, dt. Dichter,
Max Frisch (1911 - 1991), schweizerischer Architekt, Schriftsteller

Mechthild von Magdeburg (1207 - 1282), deutsche Mystikerin
Meister Eckhart (1260 - 1328), deutscher Theologe und Philosoph
Mengzi (370 – 290 v.chr.), chinesischer Philosoph,
Michelangelo (1475 - 1564),italienischer Maler, Bildhauer, Dichter
Miguel de Cervantes (1547 - 1616), spanischer Schriftsteller
Moliere (1622 - 1673), französischer Schauspieler, Theaterdirektor
Moritz von Egidy (1847 - 1898), preuß. Offizier, Moralphilosoph
Mutter Theresa (1910 –`97), kath.Ordensschwester, Friedensnobelpreis
Nicolas Chamfort (1741 - 1794), französischer Schriftsteller
Nicolaus von Cues (1401 - 1464), Philosoph, Theologe, Mathematiker
Nikolaus Lenau (1802 - 1850), österreichischer Schriftsteller
Novalis (1772 - 1801), Georg Friedrich Philipp Frhr. von Hardenberg, deutscher
Bergbauingenieur, Schriftsteller, Philosoph
Oliver Hassencamp (1921 - 1988), Autor, Kabarettist, Schauspieler
Orson Welles (1915 - 1985), amerikan Schriftsteller, Schauspieler, Regisseur
Oscar Wilde (1854 - 1900), irischer Schriftsteller
Oskar Blumenthal (1852 - 1917), Schriftsteller, Kritiker, Dichter
Otto Flake (1880 - 1963), deutscher Schriftsteller
Otto von Bismarck (1815 - 1898), deutscher Politiker
Otto von Leixner (1847 – 1907), Schriftsteller, Journalist, Historiker
Ovid (43 v.Chr – 17 n.Chr.), römischer Dichter
Pablo Ricasso (1881 - 1973), spanischer Maler, Grafiker, Bildhauer
Paul Casals (1876 – 1973), spanischer Cellist, Komponist, Dirigent
Paul Ernst (1866 – 1933), deutscher Schriftsteller und Journalist
Paul Valery (1871 – 1945), franz. Lyriker, Philosoph, Essayist
Pearl S. Buck (1892 – 1973), amerik. Schriftstellerin, Literaturnobelpreis
Peter Rosegger (1843 - 1918), österreichischer Schriftsteller
Peter Bamm (1897 - 1975), deutscher Arzt, Journalist, Autor
Phil Bosmans (1922), belgischer katholischer Ordenspriester
Philipp Otto Runge (1777 - 1810), deutscher Maler
Paracelsus (1493 - 1541), dt. Arzt, Alchemist, Mystiker, Philosoph
Pierre Carlet de Marivaux, (1688 - 1763), franz. Literat, Romancier
Pitigrilli (1893 - 1975), Dino Segre, italien. Autor, Journalist, Jurist
Platon (428 – 347 v.Chr.), griechischer Philosoph
Plutarch (45 - 125), griechischer Schriftsteller und Philosoph
Properz (ca.48 – 15 v.Chr.), griechischer Dichter
Publilius Syrus (1.Jh.v.Chr.), römischer Dichter
Rabindranath Tagore (1861 - 1941), indischer Dichter, Philosoph
Rainer Maria Rilke (1875 - 1926), österreichischer Dichter
Ralph Waldo Emerson (1803 - 1882), amerikan. Dichter, Philosoph
Richard Dehmel (1863 – 1920), deutscher Dichter und Schriftsteller
Robert Musil (1880 – 1942), östereichischer Schriftsteller
Ron Kritzfeld (ca.1921), deutscher Aphoristiker
Sacha Guitry (1885 - 1957), franz.Schauspieler, Regisseur, Autor
Sallust (86 – 34 v.Chr.), römischer Geschichtsschreiber, Politiker
Samuel Butler (1835 - 1902), engl. Philosoph, Schriftsteller,Essayist

Seneca (4 v.Chr. – 65 n.Chr.), römischer Dichter und Philosoph
Sigmund Graff (1898 - 1979), deutscher Schriftsteller, Dramatiker
Sigmund Freud (1856 – 1939), österr. Arzt, Psychologe, Religionskritiker
Simon Dach (1605 - 1659), deutscher Dichter
Simone de Beauvoir (1908 – 1986), franz. Schriftstellerin, Feministin
Sören Kierkegaard (1813 - 1855), dän. Philosoph, Theologe, Autor
Sophokles (497 – 405 v.Chr.),griechischer Dichter
Stanislaw Jercy Lec (1909 - 1966), polnischer Lyriker, Aphoristiker
Stefan Zweig (1881 - 1942), österreichischer Schriftsteller
Sully Prudhomme, (1839 - 1907), franz. Notar, Lyriker, Nobelpreis
Theodor Fontane (1819 - 1898), deutscher Apotheker, Schriftsteller
Theodor Heuss (1884 – 1963), deutscher Journalist, Politiker,
erster Bundespräsident der BRD
Theodor Körner (1791 - 1813), deutscher Dichter, Dramatiker
Theodor Storm (1817 – 1888), deutscher Jurist und Schriftsteller
Theodore Jouffroy 1796 - 1842), französischer Publizist, Philosoph
Thomas Carlyle (1795 . 1881), schottischer Essayist und Historiker
Thomas Fuller (1608 - 1661), englischer Historiker
Thomas Niederreuther (1909 - 1990), dt- Kaufmann, Maler, Autor
Thornton Wilder (1897 - 1975), amerikanischer Schriftsteller
Vergil (70 – 19 v.Chr.), römischer Dichter
Victor Hugo (1802 - 1885), französischer Schriftsteller
Vincent v. Gogh (1853 - 1890), niederl. Maler, Zeichner
Virna Lisi (1937), italienische Schauspielerin
Voltaire (1694 - 1778), französischer Schriftsteller und Philosoph
Walter Benjamin (1892 - 1940), deutscher Philosoph,Literaturkritiker
Walther Rathenau (1867 - 1922), Industrieller, Schriftsteller, Politiker
Wieslaw Brudzinski (1920), polnischer Aphoristiker
Wilhelm Busch (1832 - 1908), deutscher Dichter und Zeichner
Willhelm Gottlieb Becker (1753 - 1813), deut. Belletrist, Schriftsteller
Wilhelm Müller (1633 - 1673), deutscher Schriftsteller
Wilhelm Raabe (1831 - 1910), deutscher Erzähler und Schriftsteller
Wilhelmine von Bayreuth (1709 - 1758), adlige Schriftstellerin,
Friederike Sophie Wilhelmine von Preußen,
William Butler Yeats (1865 - 1939), irischer Dichter, Schriftsteller,
Literaturnobelpreisträger
William Shakespeare (1564 – 1616), engl. Dramatiker, Schauspieler
William Somerset Maugham (1874 - 1965), engl. Dramatiker, Schriftsteller, Arzt
und Geheimagent
Wim Wenders (1945), deutscher Filmregisseur, Hochschullehrer
Wolf Biermann (1936), deutscher Liedermacher, Lyriker
Wolfgang Amadeus Mozart (1756 - 1791), österreichischer Komponist
Woody Allen (1935), amerik. Komiker, Regisseur, Autor, Schauspieler

Von demselben Autor sind bei BOD bereits erschienen:

Kinderlieder
ISBN 978-3-7322-3024-2, 100 S.
Weber, Frank (Hrsg.)
92 Kinderlieder, altbekannt und immer wieder gern gesungen

Liederbuch (Deutsche Volkslieder)
ISBN 978-3-8423-6702-9, 312 S.
Weber, Frank (Hrsg.)
300 Volkslieder aus 8 Jahrhunderten und aller Herren Länder

Tausenderlei über die Freiheit
ISBN 978-3-7322-9721-4, 140 S.
Weber, Frank (Hrsg.)
Mehr als 1000 Zitate, Bonmots und Aphorismen zum Thema Freiheit

Tausenderlei über das Glück
ISBN 978-3-7322-5525-2, 160 S.
Weber, Frank (Hrsg.)
Mehr als 1000 Zitate, Bonmots und Aphorismen zum Thema Glück

Tausenderlei über die Liebe
ISBN 978-3-8423-7474-4, 140 S.
Weber, Frank (Hrsg.)
Mehr als 1000 Zitate, Bonmots und Aphorismen zum Thema Nr. Eins und darüber, was die Menschen zusammenhält und manchmal auch wieder auseinanderbringt

Weihnachtslieder
ISBN 978-3-7322-3375-5, 92 S.
Weber, Frank (Hrsg.)
80 Weihnachtslieder aus der Heimat und der ganzen Welt